●本の未来を考える＝出版メディアパルシリーズNo.35

著作権法入門早わかり

クリエイターのための知的創造物法活用術

佐藤　薫　著

SMP mediapal
出版メディアパル

推薦の言葉

漫画家　松本　零士

私の作品は国内外で出版され、アニメなどで利用されており、いままですべて私個人が著作権法の知識を駆使し、難解であるといわれる海外での契約もこなしてきました。そういった経験もあることから日本漫画家協会では著作権部長を務めています。

ところで本書の著者である佐藤薫氏とは、だいぶ以前に氏が読売新聞の知的財産関連の記事に取り上げられたときに、私がコメントを付したのが縁で交流を持つようになり、日本漫画家協会の著作権委員を務めておられます。

とくに印象的であったのはグーグル・ブック・サーチ和解の問題でした。アメリカでの和解の効力が、直接参加していない日本の著作者らにも及ぶというので疑問に思い、氏に対して研究者の立場から解決を試みてもらいたいと依頼しました。氏は条約や民事訴訟法などを検討しアメリカ以外の国には和解の効力は及ばないとの結論に達し、当時、いくつかの著作者団体が当該和解からオプトアウト（離脱）するために弁護士を依頼していましたが、日本漫画家協会は何もせずに事なきを

得たことはいうまでもありません。

最近では、著作権の保護期間延長問題がありました。これに関しても、私と氏が取り組み、他の方々のご活躍とも相まって、昨年一二月に延長が実現しました。

私はディズニー、スーパーマン、ポパイ、スパイダーマン、そして終戦直後にはソ連のアニメも見ました。そこには国境というものがありません。ですから、世界中の漫画家といった創作者は互いに尊重しあい、敬意を払いながら争うこともなく創作活動に励まなければなりません。

また、相手の著作権を侵害しないように争いのない世界を築いていかなければなりません。そういう意味においても漫画家などの創作者は最小限、著作権法の理解が必要になります。

本書は著作権法の知識が身に付くだけでなく同法を理解するのに適した書であるといえます。また、最後の個所に著作権法以外の知的財産法や憲法の人権について触れていることも創作活動に大いに役立つものであるといえます。

フランス、モナコから帰宅した翌日にアトリエにて記す

平成三一年三月

はしがき

『知的財産権と知的創造物法入門(改訂2版)』(オーム社 刊)を上梓してから長い年月が経った。その間、とくに著作権法の改正が幾度となく為され、昨年一二月三〇日には著作権の保護期間が延長されるに至った。

たとえばコンテンツのデジタル化、ネットワーク化が普及し発展してきた今日においてこれに対処するための改正が為され、平成二四年には付随対象著作物(いわゆる「写り込み」)の利用を明確化したり、企業がある作品をCMなどに利用する場合の企画書作成上の利用法について著作権制限が設けられたりした。平成二六年改正では、電子出版や電子書籍を用いたインターネット送信についても出版権が設定できるようになった。さらに平成三〇年の改正では、人工知能(AI)に生物などの特徴を認識させるために他者の作品を利用することや、コンピュータ・プログラムの解析のためのリバース・エンジニアリングを正当化する規定が設けられた。

教育関係では、現時点ではまだ施行されていないが、学校を設置する者が補償金を支払うことで、教材作成・配布が従来よりも自由に利用できるように改正された。そして、書籍などを読むのが困難な疾病の方々のために、一定の施設は、文章を音声にすることができるようになった。

著作権法に関して以上のような諸々の改正が為されたわけであるが、漫画家や弁護士などといった方々からも前述の「知的創造物法入門」の改訂版を望む声が聞かれた。そういったこともあり、今回は、こういった改正点について触れ、最新の内容に書きあらためるとともに『著作権法入門早わかり』という題号で新たに本書を世に送ることとした。

なお、本書は「著作権法」に関する書物ではあるが、特許法等の工業所有権法についても要点について簡単に解説し、憲法等についても少し触れることで、著作権法と他の法律との関係や著作権法のいわば特質を理解できるように努めた。

本書の副題にある「知的創造物法」という名称は、著作権法と工業所有権法を総称して知的財産法というが、これ以外の法律も創作活動に関わるので、それらも含めた概念として当該名称を用いたことをここにあえて記す。

本書が実現できたのもオーム社での刊行時に編集を担当されていた下村昭夫氏（現・出版メディアパル編集長）のお誘いがあったからです。また、表紙絵は西口司郎氏にご制作いただき、校正では、蝉工房の渋谷則夫氏にご協力いただきました。各氏に対して心より感謝申し上げます。

そしてここに、推薦の御言葉をくださった松本零士先生に深甚の謝意を表します。

平成三一年三月

佐藤　薫

目次

著作権法が規定する権利の種類

◎登録等なんら手続きを要せずして著作者人格権・著作権・著作隣接権を得ることができる（一七条二項、八九条五項）

著作権法

- **著作者の権利**
  - **著作者人格権**
    - 公表権（一八条）
    - 氏名表示権（一九条）
    - 同一性保持権（二〇条）
    - ★一一三条三項・一一五条、六〇条・一一六条参照。
  - **著作権**
    - 複製権（二一条）
    - 上演権（二二条）
    - 演奏権（二二条）
    - 公衆送信権（送信可能化権を含む）（二三条）
    - 公に伝達する権利（二三条）
    - 口述権〔言語の著作物〕（二四条）
    - 展示権〔美術の著作物、未発行の写真の著作物〕（二五条）
    - 頒布権〔映画の著作物〕（二六条）
    - 譲渡権〔映画の著作物を除く〕（二六条の二）
    - 貸与権〔映画の著作物を除く〕（二六条の三）
    - 改作利用権［翻訳権（二七条） 編曲権（二七条） 変形権（二七条） 脚色権（二七条） 映画化権（二七条） 翻案権（二七条）］
    - 二次的著作物の利用に関する権利（二八条）
- **出版者の権利**
  - **出版権**
    - 〔出版権設定契約による〕（七九条、八〇条。なお、八二条一項・八四条三項参照。）
    - ★六三条参照。
  - **電子出版権**

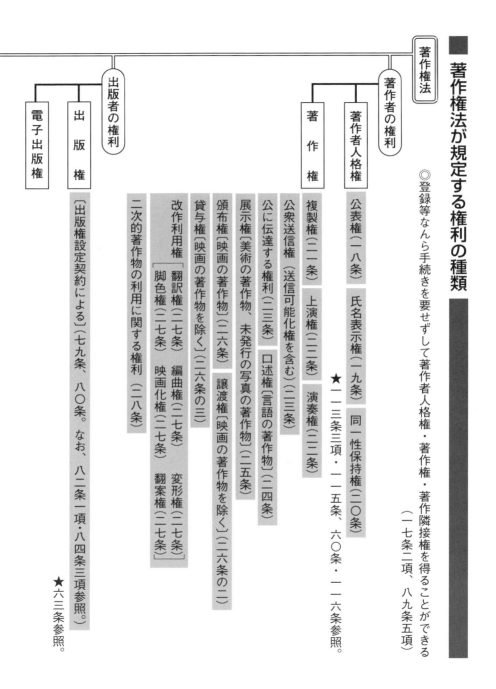

- 実演家等の権利
  - 著作隣接権
    - 実演家の権利
      - 実演家の人格権　氏名表示権（九〇条の二）・同一性保持権（九〇条の三）
      - 実演録音権（九一条）
      - 実演録画権（九一条）
      - 実演放送権（九二条）
      - 実演有線放送権（九二条）
      - 送信可能化権（九二条の二）
      - 商業用レコード利用の二次使用料受領権（九五条）※
      - 譲渡権（九五条の二）
      - 貸与権・期間経過商業用レコードの貸与に基づく報酬受領権（九五条の三）※
    - レコード製作者の権利
      - レコード複製権（九六条）
      - 送信可能化権（九六条の二）
      - 商業用レコード利用の二次使用料受領権（九七条）※
      - 譲渡権（九七条の二）
      - 貸与権・期間経過商業用レコードの貸与に基づく報酬受領権（九七条の三）※
    - 放送事業者の権利
      - 放送録音権（九八条）
      - 放送録画権（九八条）
      - 写真等による複製権（九八条）
      - 再放送権（九九条）
      - 有線放送権（九九条）
      - 送信可能化権（九九条の二）
      - 映像拡大により公に伝達する権利（一〇〇条）
    - 有線放送事業者の権利
      - 有線放送録音権・有線放送録画権（一〇〇条の二）
      - 写真等による複製権（一〇〇条の二）
      - 放送権（一〇〇条の三）
      - 再有線放送権（一〇〇条の三）
      - 送信可能化権（一〇〇条の四）
      - 映像拡大により公に伝達する権利（一〇〇条の五）

※条文の文言に従い、請求権とはしないで、敢えて受領権と記した。

著作権法以外の法に基づく権利

憲法

- 表現の自由〔広告といった営利的表現が含まれる〕・知る権利の保障（二一条）
- 幸福追求権（プライヴァシィ権・肖像権・氏名権等）の保障（一三条）
- 財産権〔所有権・質権等の物権、債権〔請求権〕、著作権・特許権等の知的財産権等〕の保障（二九条）
- 営業の自由等の保障（二二条一項）

民法

- 不法行為に対する損害賠償請求等〔名誉毀損・プライヴァシィ権侵害や肖像権・氏名権等の侵害等に対して認められる〕（七〇九条、七一〇条、七二三条等）
- 債務不履行による損害賠償請求等〔相手方が契約に違反した場合〕（四一四条、四一五条等）
- 占有権（一八〇条）・所有権（二〇六条）・質権（三四二条。なお、特許法九五条等も参照）等の物権
 （第二編に規定あり。）
- 契約〔売買（五五五条）、請負（六三二条）等〕等に関する債権（第三編）

商法

- 商号権〔登記により強力な効力有す〕（一一条）

商標法

- 商標権〔登録必要〕（一八条から四三条）
  - 通常使用権〔設定必要〕（三一条）
  - 専用使用権〔設定必要〕（三〇条）
  - 商標権の制限となる使用権
    - 先使用権（三二条）
    - 中用権――無効審判請求登録前の使用による商標使用権（三三条）
    - 後用権――再審請求登録前の使用による商標使用権（六〇条）

不正競争防止法

- 同法により商号や商標および商品表示等の不正競争行為が禁じられている〔登録不要〕

意匠法

- 意匠権〔登録必要〕（二〇条から三六条）
  - 専用実施権〔設定必要〕（二七条）
  - 通常実施権〔設定必要〕（二八条）

特許法

- 特許を受ける権利（三三条）
  - 補償金請求権（六五条）
- 特許権〔登録必要〕（六六条・六八条）
  - 専用実施権〔設定必要〕（七七条）
  - 通常実施権〔設定必要〕（七八条）
  - 特許権の制限となる実施権
    - 先使用による通常実施権〔先使用権〕（七九条）
    - 中用権〔無効審判請求登録前の実施による通常実施権〕（八〇条）
    - 意匠権の存続期間満了後の通常実施権（八一条）
  - これら権利者の業務上の信用を回復するための措置あり（一〇六条）

種苗法

- 育成者権（品種登録している植物体を譲渡等できる権利）〔登録必要〕（一九条から三二条）

実用新案法

- 実用新案権〔登録必要〕（一四条・一六条）
  - 専用実施権〔設定必要〕（一八条）
  - 通常実施権〔設定必要〕（一九条）

半導体集積回路の回路配置に関する法律

- 回路配置利用権〔登録必要〕（三条・一〇条・一一条）
  - 専用実施権〔設定必要〕（一六条）
  - 通常実施権〔設定必要〕（一七条）

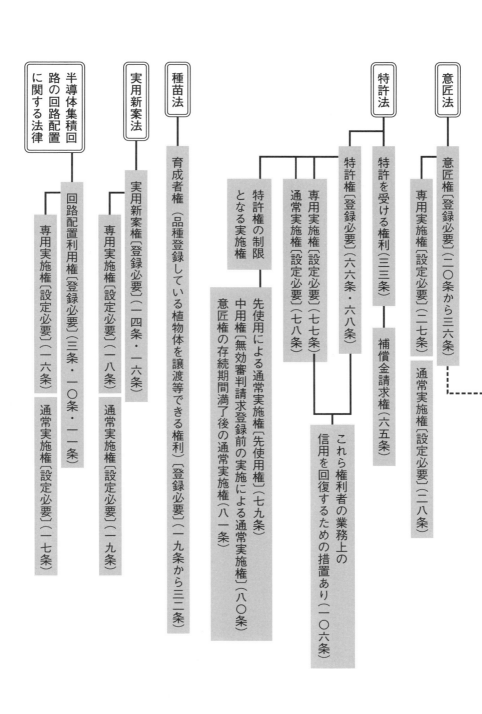

各法は何を保護対象としているのか（客体）

著作権法 — 著作権の客体 — **著作物**

- 言語の著作物（小説、脚本、論文、講演その他）（一〇条一項一号）
- 音楽の著作物（一〇条一項二号）
- 舞踊の著作物（一〇条一項三号）
- 無言劇の著作物（一〇条一項三号）
- 美術の著作物（絵画、版画、彫刻その他）（一〇条一項四号）　★美術工芸品（二条二項）
- 建築の著作物（一〇条一項五号）
- 図形の著作物（地図、図面、図表、模型その他）（一〇条一項六号）
- 映画の著作物（一〇条一項七号）
- 写真の著作物（一〇条一項八号）
- プログラムの著作物（一〇条一項九号）
- 二次的著作物（一一条）
  - 翻訳著作物（二条一項一一号）
  - 編曲著作物（二条一項一一号）　変形著作物（二条一項一一号）
  - 翻案著作物（脚色・映画化その他）（二条一項一一号）
- 編集著作物（一二条）
- データベースの著作物（十二条の二）

★ここに挙げられた著作物はあくまでも例示であるから、これ以外のものでも著作物の要件を具備していれば（二条一項一号）著作物となり、著作権法の保護を受けることができることに注意

法律	客体		条文
特許法	特許権の客体	発明	（二条一項、二九条）
実用新案法	実用新案権の客体	考案	（二条一項、三条）
意匠法	意匠権の客体	意匠	（二条一項、三条）
商標法	商標権の客体	商標	（二条一項、三条）
種苗法	植物新品種		（二条・三条・四条）
半導体集積回路の回路配置に関する法律	回路配置		（二条二項）

第1章

著作権法が保護する著作物

著作権の保護客体（対象）は著作物といわれます。著作物は思想や感情の表現を意味します。したがって、技術に関する思想そのものである発明（特許法第二条一項）とは異なるものです。

本章では、著作物とはどういうものをいうのか、そして、絵画、音楽やコンピュータ・プログラムがそうであるように、具体的にどのようなものがあるのか、といった点について説明します。

さらに、応用美術が著作権法によって保護されるのかどうか、また、パロディという表現方法についても言及しています。

第1節　著作物の意味

①　著作物とは何か

著作物とは、絵画、彫刻、写真、小説などのように、考えたことや感じたことを人のまねをしたりせずに表現したものをいいます。

著作物とは、自分が思ったり、考えたりしたことや、あるいは、感じたりしたことを、他人のまねをしたりしないで、文字や絵などによって表現したものであって、文芸、学術、美術あるいは音楽の分野に属しているものをいいます（著作権法第二条一項一号）。

◆著作物であるための条件

一、人間の思想、感情であること。

ここでいう、思ったり、感じたりというのは、人間の思想・感情をいうのであって、他の動物のそれをいうのではありません。ですから、猿が絵を描いたとしても著作権法による保護を受けることはできません。

りません。

二、表現したものであること。

アイデアといったものは著作物とはいえません。つまり、著作物であるためには自分が考えたり、思ったり、あるいは感じたりしたことを表にあらわさなければなりません。

◆表現の方法

表現方法はどのようなものであってもかまいません。たとえば、言葉や文字、音によって表現されようが、また、記号によって表現されようがなんら差し支えありません。しかも、キャンバス（画布）や紙あるいは楽譜に書いても、CDや磁気テープといったものによっても、さらには、即興で演奏したり、身体によって表現したりしてもかまわないのです。ただし、演奏や身体による場合は著作物とはならず実演として著作隣接権の対象となる場合がありますから混同しないようにしてください。たとえば、バレリーナが即興で独自の振りを考えて踊った場合には著作物ですから著作権保護を受けますが、以前からある、振りを自分の個性を出しつつ踊った場合には、演技として著作隣接権による保護を受けることになります（著作隣接権の項参照）。（注一）（注二）

（注一）　241ページ参照。

（注二）　テレビの生放送であって、録画していないものは映画の著作物とはいえません。詳しくは、45ページの「映画の著作物とはどういうものか」の項参照。

三、創作性があること。

他人のまねをしないで独自の作品を作成したのであれば、他に同じような作品があったとしても著作権侵害にはなりませんし、自分の作品について著作権者となります。この点は、特許の要件としての創作性とは異なります。なぜなら、たとえ人のまねをしていなくても同じ発明がすでに存在していれば、その発明は特許法によって保護されないからです。また、絵画を機械的にコピーをとるように撮影した写真は創作性があるとはいえません。

四、文芸、学術、美術または音楽の範囲に属するものであること。

著作物は、学術、文芸、美術、音楽といった分野に属していなければなりません。しかし、このことは、厳格に、これはどの分野に属していなければならないということをいっているのではありません。

作品によっては、たとえばオペラなどのように、文芸、音楽いずれの分野にも属していて、どちらか一つに属させることが難しいものがありますが、このようなものであっても、また、はっきりとどの分野のものであるといえなくても、その作品がこれらの分野のいずれかに属しているとみられるものであれば著作物であるといえます。

たとえば、シューベルトのアヴェ・マリアの歌詞は、ウォルター・スコットの『湖上の美人』という詩から採ったわけですが、スコットの作品としてのその詩は文芸の範囲に属する著作物ですし、また、観点を変えて、歌詞として見るならば、それは音楽の範囲に属する著作物であるといえます。

◆判例紹介

◉**中国論文事件**（注三）（東京地裁平成元年（ワ）五六〇七号・一二二七号、平成四年一二月一六日判決。判例時報一四七二号一三〇頁）

原告の著述部分に示された「牢盆」の解釈等についての説と同じ趣旨の見解が被告の著述部分にあったからといって、原告の説の盗用、盗作にあたり著作権侵害になるという主張は、著作権法は学説や思想それ自体を保護していないから、失当である。

◉**数学論文事件**（大阪高裁平成二年（ネ）二五一五号、平成六年二月二五日判決（確定）。判例時報一五〇〇号一八〇頁。一審は、京都地裁昭和六〇（ワ）二二四〇号、平成二年一一月二八日判決）

数学についての論文等の著作権者は、そこでの命題の解明過程やこれを説明するための方程式については、思想それ自体とみられるから、著作権法による保護を受けることができない。だいたい科学について出版する目的は、他の学者に、そこ

（注三）　中国論文事件および数学論文事件については、論文は著作物であるということに注意してください。

たとえば、アインシュタインの特殊相対性理論（正式な名称は、運動する物体の電気力学について）という論文自体は著作権保護されています。

しかし、そこで述べられていること、つまり質量とエネルギーの等価性や時空間の相対性等の考えについては、著作権保護が与えられないということです。また、この考えを示した方程式（$E = mc^2$等）も思想そのものとみられるので保護されないのです。

での知見をさらに展開する機会を与えることであるから、この展開が著作権侵害になるとすれば、その目的が達成できなくなってしまう。

◉日経新聞記事要約事件（東京地裁平成四年（ワ）二〇八五号、平成六年二月一八日判決。判例時報一四八六号一一〇頁）

新聞記事の著作者は、収集した素材のなかから、一定の観点と判断基準に基づいて、記事に盛り込む事項を選択、構成、表現するわけであるから、客観的な報道記事であっても、記事の主題について、著作者の賞賛、好意、批判、断罪、情報価値といったものに対する評価等の思想や感情が表現されている著作物である。

◉城郭事件（東京地裁平成四年（ワ）一七五一〇号、平成六年四月二五日判決。判例時報一五〇九号一三〇頁）

本件の城の図面は、歴史上の建物、集落、各種のチャシ、(注四)城の建設工事といったものを描いた想像図であり、作者の歴史学、考古学等についての学識に基づいて、描かれた対象の特徴をわかりやすく表現するという創意をうかがい知ることができるので著作物である。

なお、本件の城の定義「城とは、人によって住居、軍事、政治目的をもって選ばれた一区画の土地と、そこに設けられた防御的構築物をいう」は、定義した者の学問

（注四）　アイヌ語で砦の意。「…空壕をめぐらせて防塞としたもの。」（『講談社カラー版日本語大辞典（第二版）』講談社）

的思想そのものであり、この種の学問的定義の文の構造や、先行の城の定義や説明に使用された文言と大差ないから、この定義の表現形式に創作性が認められないので著作物ではない。

さらに、主として明治時代から現代までの多様なジャンルの文芸作品のなかから、日本の実在の城、架空の城を舞台とする二百十七種を作者名と共に選択、分類、配列し、これを北から南の順に城の所在地により配列し、わが国での城と文芸作品との関係を一見してわかりやすくまとめた本件一覧表は、その素材の選択および配列に創作性を有するものであるから、編集著作物である。

なお、アメリカ合衆国では、新聞記事のニュース・ソースを絶えず利用すると、ミスアプロプリエイション(misappropriation)として、不法行為となるようです。

◆参照条文（定義）

著作権法第二条　一項一号　著作物　思想又は感情を創作的に表現したものであつて、文芸、学術、美術又は音楽の範囲に属するものをいう。

第2節　著作物の種類

① 著作物にはどのようなものがあるのか

著作物の代表的なものとしては、絵画、彫刻、楽曲、小説、論文、講演、地図、映画、写真などがあります。

第1章第1節①「著作物とは何か」で説明した、著作物の要件を満たしていれば、それは著作物であるといえます。

しかし、著作物の定義だけでは漠然としているので、著作権法はあえてつぎのような例(注一)をあげています(著作権法第十条一項各号)。

一、言語の著作物
二、音楽の著作物
三、舞踊や無言劇の著作物
四、美術の著作物
五、建築の著作物
六、地図の著作物、学術的な性質を有する図面、図表、模型その他の図形の著作物

(注一)　もちろん、これらは例示ですから、これ以外にも著作物といえるものが数多くあります。

七、映画の著作物
八、写真の著作物
九、プログラムの著作物

ところで、時として、著作物といえるのかどうかよくわからないようなものもあり、裁判所がこれについて判断したものがあります。判決日等を記載しておきます。

◆裁判所が著作物であると判断したもの

昆虫の挿絵（東京地裁昭和三五年（ワ）第二〇五八号、昭和三六年一〇月二五日判決、判例タイムズ一二四号九二頁）。

○△▲の符号による表現（東京地裁昭和五八年（ワ）第七四七号、昭和六一年三月三日判決、判例時報一一八三号一四八頁）。

漫画のキャラクター（サザエさん事件…東京地裁昭和四六年（ワ）一五一号、昭和五一年五月二六日判決、無体財産関係民事行政裁判例集八巻一号二一九頁）。

ライダーマン事件（東京地裁昭和四九年（ワ）第五四一五号、昭和五二年一一月一四日判決）。

書の著作物性を問う事件（東京地裁昭和六二年（ワ）一一三六号、平成元年一一月一〇日判決、判例時報一三三〇号一一八頁）。

（注二）　69ページの「サザエさん事件」の事例解説を参照のこと。

◆裁判所が著作物ではないと判断したもの

タイプフェイス（デザイン書体）（東京地裁昭和五四・三・九あり。東京高裁昭和五四年（ネ）第五九〇号、昭和五八年四月二六日判決、無体財産関係民事行政裁判例集一五巻一号三四〇頁。大阪地裁昭和五八年（ワ）四八百七二号、平成元年三月八日判決、判例時報一三〇七号百三七頁）。

船荷証券の用紙（東京地裁昭和三九年（ワ）第二六八六号、昭和四〇年八月三一日判決、判例時報四二四号四〇頁）。

オリンピックのマーク（東京地裁昭和三九年（ヨ）第五五九四号、昭和三九年九月二五日決定、下級裁判所民事判例集一五巻九号二一九三頁）。

自然科学における法則（大阪地裁昭和四八年（ワ）第四七〇七号、昭和五四年九月二五日判決、判例タイムズ三九七号一五二頁）など。

いずれにせよ、自分が思ったり、考えたりしたことや、あるいは感じたりしたことを、他人のまねをしたりしないで表現したものであって、しかもそれが、文芸、学術、美術あるいは音楽の分野に属しているものであればすべて著作物といえます。

なお、事実を伝えるだけの雑報であるとか、時事の報道といったものは著作物とはいえません。

② 著作物は著作権法によって保護を受ける

絵画や楽曲などを著作物といい、著作権法はこの著作物に対して保護を与えています。著作物でないものは著作権法による保護を受けることができません。

著作物ではないから、著作権法による保護を受けることができないとされたものとしては、デザイン書体、船荷証券の用紙や自然法則などがあります。(注一)また、発明も著作権法による保護を受けることができません。

なお、発明（自然法則を利用した技術に関する思想の創作であって高度なもの――特許法第二条一項）は特許法により、考案（自然法則を利用した技術に関する思想―実用新案法第二条一項、第三条）は実用新案法により、また、意匠（物の形や模様、あるいは色彩〔これらが結合していてもよい〕であって、肉眼で見て美しいと感じさせるもの――意匠法第二条一項）は意匠法により、そして、商標（文字や図形、あるいは記号であるか、これらが結合したり、または、これらと色彩とが結合しているものであって、商品を生産したりする者がその商品について使用する商品標識およびサービスマーク(注二)――商標法第二条一項）は商標法や不正競争防止法などにより、それぞれ保護されます。

（注一）　前ページの『著作物にはどのようなものがあるのか』の項目の「裁判所が著作物ではないと判断したもの」をご覧ください。

（注二）　特許法、実用新案法、意匠法、商標法、不正競争防止法などの工業所有権法と著作権法を総称して知的財産法とか知的所有権法と言ったりします。

第2節　著作物の種類

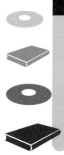

③言語の著作物とは何か

自分の思っていることや、感じたりしていることを、文に書いたり、話をしたりして表現した著作物を、言語の著作物といいます。

言語の著作物には、大きく分けて、文書によるものと、口頭によるものとがあります。また、私達が日常用いる普通の文字（点字を含みます）などによる場合だけではなく、それが暗号によるものであれ、速記記号によるものであれ、すべて言語の著作物といえます。もちろん、手話による表現方法も入ります。

具体的な例としては、論文、小説、脚本、随筆、詩、大学教官の講義、講演、座談会での発言、演説、祝辞などがあります。ところで、日記や手紙も、著作物としての要件を備えていれば、当然、著作物といえます。ただし、書名（題号）（注一）は著作権による保護を受けることができません（第2章第3節④「自分の作品に勝手に手を加えられない権利」を参照）。

なお、落語や講談といったものは、落語家なり、講談師が話を独自に創作したような場合ではなく、単に既成のネタをそれぞれ個性を発揮して独特の節回しで語

（注一）　題号は、同一性保持権という、著作者人格権によって保護されます。

るような場合には、著作権による保護ではなくて、著作隣接権という権利（第4章第2節を参照）による保護を受けることになります。（注二）

なお、事実を伝えるだけの雑報であるとか時事の報道といったものは言語の著作物とはいえません。たとえば、ただ単に、歌手の誰それと誰それとが結婚した、といったような表現による伝達は、著作物として保護されないわけです。しかし、記者が結婚式での二人の様子について自己の感情を交えて記事としたような場合には、記者の感情を表現したものであり、創作性もあるといえますから、著作権保護を受けることができます。また、報道写真や報道映画といったものは、写真や映画の著作物として保護されますから、注意してください。たとえ、偶然出会った事故現場を写真撮影したとしても、そこには思想なり、感情なりが入っているものと考えられますから、著作物といえます。（注三）

◆参照条文（著作物の例示）
著作権法第十条　一項　この法律にいう著作物を例示すると、おおむね次のとおりである。
一号　小説、脚本、論文、講演その他の言語の著作物。

（注二）　たとえば、落語家が、独自にネタを創作して演じた場合には、それは著作物となります。

（注三）　新聞であれば自由に利用できると思っている人がいますが、新聞の記事はほとんどすべてが著作権のある著作物であるということを理解しておいてください。

第2節　著作物の種類

④ 音楽の著作物とは何か

自分が思ったり、感じていることを、音によって表現した物を音楽の著作物といいます。

音楽の著作物とは音によって表現される著作物をいい、具体的には楽曲と歌詞があります。もともとは文学作品として言語の著作物であったものが、歌詞として音楽の著作物になることもあります（第1章第1節①「著作物とは何か」の著作物の条件の四の説明を参照（20ページ））。もちろん、その作品は依然として言語の著作物でもあることはいうまでもありません。音楽の著作物は必ずしも楽譜という形で表されている必要はなく、即興で演奏することによって表現されるものも含まれます。

◆参照条文（著作物の例示）

著作権法第十条　一項　この法律にいう著作物を例示すると、おおむね次のとおりである。

二号　音楽の著作物。

⑤ 舞踊、無言劇の著作物とは何か

身体の動きによって思想や感情が表現されている著作物を、舞踊、無言劇（注一）の著作物といいます。

ここでの著作物は、身体の動き、つまり身振り手振りによって思想や感情が表現されているものをいいます。舞踊の振り付けといったものがあります。振り付けは、クラシックバレエのように、ラヴァ・ノテイションやベネッシュ・ノテイションといった舞譜によって表現されることもありますが、そのまま身体によって振り付けをする場合もあります。いずれも、ここでいう著作物にあてはまり、著作権による保護を受けます。（注二）

◆参照条文（著作物の例示）
著作権法第十条　一項　この法律にいう著作物を例示すると、おおむね次のとおりである。
三号　舞踊又は無言劇の著作物。

（注一）　無言劇というのはパントマイムを意味します。

（注二）　以前から存在している振りを踊る場合は、著作物ではなく演技となり、著作隣接権の保護を受けることになります。著作隣接権については241ページをご参照ください。

第2節　著作物の種類

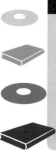

⑥ 美術の著作物とは何か

美術の著作物とは、絵画や彫刻など、色彩や線あるいは形象によって表現された著作物をいいます。

美術の著作物は平面であっても立体であってもかまいません。立体でもいいわけですから、絵画だけではなく、当然、彫刻も含まれます。ところが、建築物は、立体であっても、美術の著作物とはならず、建築の著作物となります。これは、建築物の特殊性ないしは学術性を重んじてか、別個独立して規定されているのです(注一)(著作権法第十条一項五号)。

つぎに、画用紙や画布(キャンバス)といった表現媒体でなくてもかまいません。つまり、画布や紙あるいは銅板に描かれたものであっても、雪像や氷像のように雪や氷によって表現されたものであっても、なんら差し支えないわけです。

美術には純粋美術と応用美術とがありますが、著作権法でいう美術とは前者、すなわち純粋美術を指します。なお、美術の著作物には美術工芸品も含まれます(著作権法第二条二項)。

(注一)　美術の著作物には、絵画、イラストレーション、漫画、劇画、版画、彫刻、書、舞台装置などが含まれます。また、完成していなくてもかまわないわけですから、デッサンでもよいのです。裁判所は著作物の範囲を拡大することにより、著作権法によって保護しようとする傾向があるようです。

応用美術は、純粋に美の表現というよりも実用面に重きを置いた美術ですから、著作権法の保護対象となることができないわけです。では、応用美術は保護されないのかというと、決してそうではなく、別の法律によって保護されることになります。たとえば、意匠法による保護が考えられますが、この場合は著作権法と異なり、特許庁に対して一定の手続きを踏まなければなりません。この他にも不正競争防止法による保護も考えられます。(注二)

美術の著作物の原作品の所有者など一定の者は、著作権法に規定されている条件に従って、美術の著作物を利用等することができます。(注三)

◆参照条文（著作物の例示）

著作権法第十条　一項　この法律にいう著作物を例示すると、おおむね次のとおりである。

四号　絵画、版画、彫刻その他の美術の著作物。

◆参照条文（美術の著作物等の原作品の所有者による展示）

著作権法第四十五条　一項　美術の著作物若しくは写真の著作物の原作品の所有者又はその同意を得た者は、これらの著作物をその原作品により公に展示することができる。

二項　前項の規定は、美術の著作物の原作品を街路、公園その他一般公衆に開放されている屋外の場所又は建造物の外壁その他一般公衆の見やすい屋外の場所に恒常的に設置する場合には、適用しない。

（注二）　意匠法第二条一項および不正競争防止法第二条一項一号・二号を参照。なお、66ページの判例紹介を参照のこと。

（注三）　著作権法第四十五条、第四十六条、第四十七条についての、それぞれの解説を参照。

◆参照条文（公開の美術の著作物等の利用）

著作権法第四十六条　美術の著作物でその原作品が前条第二項に規定する屋外の場所に恒常的に設置されているもの又は建築の著作物は、次に掲げる場合を除き、いずれの方法によるかを問わず、利用することができる。

一号　彫刻を増製し、又はその増製物の譲渡により公衆に提供する場合。

二号　建築の著作物を建築により複製し、又はその複製物の譲渡により公衆に提供する場合。

三号　前条第二項に規定する屋外の場所に恒常的に設置するために複製する場合。

四号　専ら美術の著作物の複製物の販売を目的として複製し、又はその複製物を販売する場合。

◆参照条文（美術の著作物等の展示に伴う複製等）

著作権法第四十七条　一項　美術の著作物又は写真の著作物の原作品により、第二十五条に規定する権利を害することなく、これらの著作物を公に展示する者（以下この条において「原作品展示者」という。）は、観覧者のためにこれらの展示する著作物（以下この条及び第四七条の六第二項第一号において「展示著作物」という。）の解説若しくは紹介をすることを目的とする小冊子に当該展示著作物を掲載し、又は次項の規定により当該展示著作物を上映し、若しくは当該展示著作物について自動公衆送信（送信可能化を含む。同項及び同号において同じ。）を行うために必要と認められる限度において、当該展示著作物を複製することができる。ただし、当該展示著作物の種類及び用途並びに当該複製の部数及び態様に照らし著作権者の利益を不当に害することとなる場合は、この限りでない。

（筆者注記…新設された二項、三項は脚注欄を参照のこと）。

＊「平成三〇年改正」で新設された著作権法第四十七条二項・三項

二項　原作品展示者は、観覧者のために展示著作物の解説又は紹介をすることを目的とする場合には、その必要と認められる限度において、当該展示著作物を上映し、又は当該展示著作物について自動公衆送信を行うことができる。ただし、当該展示著作物の種類及び用途並びに当該上映又は自動公衆送信の態様に照らし著作権者の利益を不当に害することとなる場合は、この限りでない。

三項　原作品展示者及びこれに準ずる者として政令で定めるものは、展示著作物の所在に関する情報を公衆に提供するために必要と認められる限度において、当該展示著作物について複製し、又は公衆送信（自動公衆送信の場合

第2節　著作物の種類

⑦建築の著作物とはどういうものか

建築の著作物とは、土地に定着する建物であって美術または学術の範囲に属するものをいいます。

建築物がすべてここでいう建築の著作物になるわけではありません。美的創作性を有する建築物だけが、ここでいう著作物になります。ですから、単なる建物、たとえば普通に見られる家やビルといったものは除外されます。とはいえ、家やビルでも芸術性を備えていれば、建築の著作物になります。このように考えると国立新美術館や東京都庁といった建物が浮かんできますが、国立新美術館であるから建築の著作物であるのではなく、芸術性を備えた建物であるから建築の著作物となることに注意してください。もちろん、学術的な建物もここでいう著作物になります。また、橋や庭園、塔といったものも、芸術性を備えていれば、建築の著作物になると考えられます。

なお、建築の設計図は図面の著作物に含まれますから混同しないようにしてください（著作権法第十条一項六号）。ただし、建築設計図面を見て建物を完成させる行

にあっては、送信　可能化を含む。）を行うことができる。ただし、当該展示著作物の種類及び用途　並びに当該複製又は公衆送信の態様に照らし著作権者の利益を不当に害することとなる場合は、この限りでない。

（平三〇法三〇・一項一部改正　二項・三項追加）

為は、建築の著作物の複製となります（著作権法第二条一項十五号ロ）。

建築の著作物は、同じものを建築しない限り、絵を描くなど利用することができます（著作権法第四十六条二号）。

つぎに、同一性保持権（著作者人格権の一つ）との関係についてふれておきます。(注一)

著作権法（第二十条二項二号）によれば、「建築物の増築、改築、修繕又は模様替えによる改変」であれば、同一性保持権の侵害にならない旨規定していますから、古くなって危険な部分を修繕したために少し様相が変わったといったような改変は許されると考えなければなりません。もちろん、建物を全部取り壊してしまう場合には、改変とはいえませんから、同一性保持権の侵害にはなりません。

（注一）　同一性保持権については118ページをご参照ください。

◆参照条文（著作物の例示）

著作権法第十条　一項　この法律にいう著作物を例示すると、おおむね次のとおりである。

五号　建築の著作物。

◆参照条文（公開の美術の著作物等の利用）

著作権法第四十六条　美術の著作物でその原作品が前条第二項に規定する屋外の場所に恒常的に設置されているもの又は建築の著作物は、次に掲げる場合を除き、いずれの方法によるかを問わず、利用することができる。

二号　建築の著作物を建築により複製し、又はその複製物の譲渡により公衆に提供する場合。

◆参照条文（定義）

著作権法第二条　一項十五号　複製　印刷、写真、複写、録音、録画その他の方法により有形的に再製することをいい、次に掲げるものについては、それぞれ次に掲げる行為を含むものとする。

イ　（省略）

ロ　建築の著作物　建築に関する図面に従つて建築物を完成すること。

◆参照条文（同一性保持権の侵害にならない場合の規定）

著作権法第二十条　二項二号　建築物の増築、改築、修繕又は模様替えによる改変。

第2節　著作物の種類

⑧ 図形の著作物とはどういうものか

図形の著作物とは、図や模型などによって表現された学術的な著作物をいいます。

図面や図表、模型などとして表現されているだけでなく、学術的な性質をもつものでなければなりません。建築や飛行機あるいは自動車の設計図であるとか、グラフ、地球儀といった模型などがあります。建築の設計図をもとにして、まったく同じ建物を完成した場合には、建築の著作物の複製になり、その設計図をそのまま複写機でコピーした場合には、ここでいう図形の著作物の複製となります。飛行機や自動車の設計図をそのままコピーすれば複製になるのですが、設計図に従って飛行機や自動車を作ったとしても著作権侵害にはなりません。（注一）

◆参照条文（著作物の例示）

著作権法第十条　一項　この法律にいう著作物を例示すると、おおむね次のとおりである。

六号　地図又は学術的な性質を有する図面、図表、模型その他の図形の著作物。

（注一）　まったく問題にならないのかというとそうではなく、この場合には、特許権や意匠権といった権利（工業所有権）の侵害が問題になります。ですから、著作権法上の権利だけではなく他の法律によって保護されている権利についても留意しておかなければなりません。

第2節　著作物の種類

⑨ 地図は著作物である

地図の作成者の個性、学識、経験によって、各種の素材を取捨選択、配列し、一定の方法で表示する場合に、創作性が認められますから、地図は著作物です。

地図には、測量などを行って作成された実測地図と、既存の地図などを編集して作成された編集地図（地球儀用世界地図など）があります。なお、地図は、大きく、一般図（国土基本図、地形図、地方図など）と主題図（地籍図、航海用海図など）とに分類することができます。

地図が著作物であるのは、諸々の素材を収集、選択、配列、表現するところに地図を作成する者の学識、経験、個性などが大きな役割を果たし、そこに創作性が存在するとみることができるからです。（注一）

地図には、パリ市鳥瞰図のように、本来の地図とは違って、どちらかというとイラストレーションにみられるものがありますが、こういったものは美術の著作物のカテゴリーにも属するといえます。（注二）

国土地理院（国土交通省）の行う基本測量や、他の測量計画機関が行う公共測量の

（注一）　富山地裁昭和五三年九月二二日判決、昭和四六年（ワ）第三三二号、第七一号、判例タイムズ三七五号一四四頁以下。

（注二）　大阪地裁昭和五一年四月二七日判決、昭和四七年（ワ）第八四八号、判例タイムズ三四四号三〇一頁。

測量成果である地図などを複製しようとする者は、国土地理院の長あるいは当該測量計画機関の長の承認を得なければなりません（測量法第二十九条、第三十条）。また、海上保安庁（国土交通省）の刊行した海図を複製して、航海に用いる刊行物を発行しようとする者は、海上保安庁長官の承認を受けなければなりません（水路業務法第二十四条）。

◆判例紹介

◉パリ市鳥瞰図事件………判決日等（前ページの注二）参照。

どういう事件か

フランス人である原告マクス・ブロンデル・ラ・ルージュリイ（以下X1と記す）は、パリ市鳥瞰図（PLAN DE PARIS A VOL D'OISEAU）を略画的手法で手書きし、さらにこれを写真で縮小して昭和三四年（一九五九年）にパリ市観光用地図として完成させた著作権者です。昭和四四年一〇月六日に、山田雄造（以下X2と記す）はX1から本件パリ市鳥瞰図の日本における著作権（複製権）を譲り受け、昭和四六年三月三一日には文化庁に対して著作権譲渡の登録手続き（この登録をしなくても譲渡したことにはかわりないのですが、登録しておくと第三者に、譲渡があったことを主張することができます。詳しくは108ページの文化庁への登録についての解説を参照してください）

を完了していました。

ところで、紙箱等の製造販売を業とする会社である被告Yは、昭和三四、三五年頃、本件パリ市鳥瞰図のエトワール凱旋門の部分を中心として拡大した図案を洋服箱に使用することにし、昭和三七年頃から昭和四五年頃までの間、この図案を張り合わせた洋服箱を製造販売し、さらに、昭和四四年頃には、本件パリ市鳥瞰図のエッフェル塔、エトワール凱旋門の部分を中心に包装紙の図案として使用し、これを製造販売しました。

そこで、これを知ったX1、X2は、Yは本件パリ市鳥瞰図を改ざん偽作して本件洋服箱および包装紙の図案として使用したものである、として一千万円の損害賠償および謝罪広告を請求しました。

裁判所はどう言っているか

本件パリ市鳥瞰図は美術的香り豊かな著作物であることが一度見れば簡単にわかる。

Yは、本件パリ市鳥瞰図を改ざん偽作して本件洋服箱や包装紙の図案として使用したものであるから、Yの本件洋服箱の販売数および単価、本件パリ市鳥瞰図の創作過程、芸術的価値、複製物の単価および本件パリ市鳥瞰図の使用料等を考慮すると、Xらの被った財産上の損害は二百万円と算定するのが相当であり、Yの本件著作権侵害行為の態様および諸事情等をいろいろ考えると、YのX1に対する著作者人格権侵害による損害賠償額は百万円と認めるのが相当である。また、Yに対して謝罪広告を掲載させることにより、X1の毀損《きそん》された名誉信用を回復させることができると考える。

※この事件は本件パリ市鳥瞰図が著作物かどうか争われたものではありません。なお、著作権法（昭和四五年五月六日法律第四八号）は昭和四六年一月一日に施行されましたので、Yの侵害行為は施行日以前に行われていましたから、この事件では旧著作権法（明治三二年三月四日法律第三十九号）が適用されます（著作権法附則第十七条）。旧著作権法第十八条一項の改ざん、二十九条の偽作参照。

地図の著作物であると判断された事例としてつぎのものがあります。ここでは、どういう内容の事件かといった、事実関係は省きます。

◆判例紹介

◉判決の要旨

①住宅案内図は、作成者の独創と努力の結果生まれた新規の著作物であって、居住者を精密に調査し、合理的に配列し統一的に編集しているから、著作権法（筆者注記…旧著作権法）第一条の図画の一種である地図である（住宅案内図事件、名古屋高裁昭和三五年八月一七日判決、昭和三五年（う）第三〇六号、三〇七号、高等裁判所刑事判例集十三巻六号五〇七頁、刑事事件）。

②住宅地図は、市町村の街路や家屋をおもに描き、略図的手法によって、街路に沿って建築物、家屋の位置関係を表示し、名称、居住者名、地番等を記入したものであるが、掲載する対象物の取捨選択は決まっているから創作性が認められる余地が非常に少ないし、略図的技法が限定されてくるという特徴がある。したがって、住宅地図の著作物性は、地図一般に比べると、さらに制限されたものである（富山地裁昭和五三年九月二二日判決、昭和四六年（ワ）第三三号、第七一号、判タ三七五号一四四頁）。

③編集地図の場合には、他の類似の作品と区別できる独自の独創性をもった学術的または美術的作品を創造したと認められれば、編図者の精神的労作に基づく思想的感情が独創的に具体化されているといえるから、著作物である（地球儀用世界地図事件、東京地裁昭和四四年五月三一日判決、昭和四一年特（わ）第一四二号、判時五八〇号九四頁、刑事事件）。

※編集地図についての判決です。

④他人が指示、注文したところをできるだけ画面にとり入れて、その意図に添うように努めながらも、図形や図柄により具体的に表現するにあたって、画家としての芸術的な感覚と技術とを駆使して、創意と手法とにより、東京高速道路パノラマ地図の原画を制作したのだから、これは当該画家の創作した精神的作品である（東京高速道路パノラマ地図事件、東京地裁昭和三九年一二月二六日判決、昭和三九年

（ワ）第一〇八九号、判タ一七二号一九五頁）。

◆参照条文（著作物の例示）

著作権法第十条　一項　この法律にいう著作物を例示すると、おおむね次のとおりである。

六号　地図又は学術的な性質を有する図面、図表、模型その他の図形の著作物。

第2節　著作物の種類

⑩ 映画の著作物とはどういうものか

映画の著作物とは、映像の連続により表現される著作物をいいます。

一、著作権法第二条三項は、映画の効果に類似する視覚的または視聴覚的効果を生じさせる方法で表現され、物に固定されている著作物も映画の著作物に含まれる、と規定しています。ですから、劇場用映画だけがここでいう著作物なのではなくて、デパートなどで販売されている洋画や邦画などのＤＶＤやブルーレイディスク（ＢＤ）なども映画の著作物に含まれます。ところで、物に固定されていなければならないわけですから、テレビの生放送などは映画の著作物とはいえません。昭和三十年代、ＮＨＫで放送されていた「お笑い三人組」などは生放送であったために、映画の著作物ではないということになります。ただし、放送（有線放送の場合も含む）のために一時的に録画する場合（著作権法第四十四条参照）は映画の著作物となります。

なお、固定する場合の物は、劇場用映画のように光学フィルムやデジタル・データ（ＨＤＤ）の他、ブルーレイディスク等であってもかまいません。

二、他人の小説をもとに無断で映画を制作した場合には、原著作物（この場合は小説)の翻案ということになりますから、二次的著作物として、原著作物の著作者の同意がなければ、これを公表することができません(著作権法第十一条)。なお、原著作物の著作者の同意を得ずに映画を制作したとしても、著作権は生じます。

もし、第三者がこういった映画(二次的著作物としての映画。なお、同法第十八条二項二号参照)を利用したいと思ったら、原著作物の著作者と映画の著作者双方の同意を得なければなりません。

◆参照条文(定義)
著作権法第二条　三項　この法律にいう「映画の著作物」には、映画の効果に類似する視覚的又は視聴覚的効果を生じさせる方法で表現され、かつ、物に固定されている著作物を含むものとする。

◆参照条文(著作物の例示)
著作権法第十条　一項　この法律にいう著作物を例示すると、おおむね次のとおりである。
七号　映画の著作物。

(注一)　二次的著作物というのは、小説を映画化したり、英語で書かれた書物を日本語に翻訳したりする場合のように、原著作物をもとにして作成した新たな著作物をいいます(著作権法第二条一項十一号)。
原著作物とはまったく違って、少しも似たところがない作品ができた場合(ゴッホがわが国の浮世絵に影響を受けて、まったく独自の作品を創作した場合のその作品など)には、二次的著作物ではなく、原著作物となります。

第2節　著作物の種類

⑪ 写真の著作物とはどういうものか

写真の著作物とは、一定の映像により思想または感情が表現されている著作物をいいます。

写真の著作物には、写真の製作方法に類似する方法で表現される著作物も含まれます（著作権法第二条四項）。写真は、光の作用を利用することにより、人や物などの像をフィルムに再現するわけですが、これに類似する方法によるものであっても、ここでいう著作物になります。たとえばグラビア（写真製版による印刷方法の一種）などがあてはまるものと思います。カメラやスマートフォンで撮影したものをディスクメディアに記憶させたりして、テレビ画面に映し出したりする場合も写真の著作物といえます。

事件を報道するための報道写真や、旅行などに行って家族で撮る写真などもここでいう著作物になりますが、絵画などをコピーをとるように忠実に撮影したにすぎないような場合は著作物とはいえません。なぜなら、思想や感情が表現されている創作物とはいえないからです。

写真の原作品を購入したりして所有者となった者や、その者の同意を得た者は、写真の原作品を公衆に直接見せるために（公に）、展示することができます（著作権法第四十五条一項）。

もちろん、言うまでもなく、家庭内で展示することもできます。しかし、街路や公園など、一般公衆が自由に出入りできる屋外の場所や、あるいは、建物の外壁など一般公衆の見やすい屋外の場所に恒常的に設置する場合には、著作者の許諾を得なければなりません（著作権法第四十五条二項）。

◆参照条文（著作物の例示）

著作権法第十条　一項　この法律にいう著作物を例示すると、おおむね次のとおりである。

八号　写真の著作物。

◆参照条文（美術の著作物等の原作品の所有者による展示）

著作権法第四十五条　一項　美術の著作物若しくは写真の著作物の原作品の所有者又はその同意を得た者は、これらの著作物をその原作品により公に展示することができる。

二項　前項の規定は、美術の著作物の原作品を街路、公園その他一般公衆に開放されている屋外の場所又は建造物の外壁その他一般公衆の見やすい屋外の場所に恒常的に設置する場合には、適用しない。

⑫プログラムは著作物である

ソース・プログラムやオブジェクト・プログラムなどのコンピュータ・プログラムは、著作物として保護を受けます。

著作権法第十条一項九号にいうプログラムとは、コンピュータ・プログラムのことをいい、演奏会や演劇などのプログラムをいうのではありません。すなわち、プログラムというのは、電子計算機（コンピュータ）を機能させて一つの結果を得ることができるように、これに対する指令を組み合わせたものとして表現したものをいいます（注一）（著作権法第二条一項十の二）。単純にいえば、コンピュータの指示のことです。

具体的には、ソース・プログラム、コンパイラ、オブジェクト・プログラム、オペレーティング・システム（OS）、アプリケーション・プログラム、などが挙げられます。

なお、ソース・プログラムはPython（パイソン）、Java（ジャバ）、C言語、C＋＋言語といったような人間が読むことのできる言葉で書かれたプログラムで、これを、コンピュータが読めるように、機械語に翻訳（変換）したものがオブジェクト・プログラムといわれるものです。コンパイラは、ソース・プログラムを機械語に変換す

（注一）　コンピュータ・プログラムを作成する前に、コンピュータの仕事の流れをYESやNOといった語句や、矢印などの記号を用いたりして図に表すフローチャートがありますが、これはプログラムの著作物としてではなく、図形の著作物として保護を受けることになります。

るための翻訳プログラムをいいます。オペレーティング・システムは基本ソフトウェアであって、コンピュータが仕事を能率良く行うことができるようにコンピュータシステムを管理するプログラムをいいます。また、アプリケーション・プログラムは、ある特定の事柄に用いられるために作成されたプログラムをいいます。

オブジェクト・プログラムは、人間が理解できる言語によって表されたソース・プログラムを、言語プロセッサにより変換することによって作成されたプログラムですから、翻案といった二次的著作物（著作権法第二条一項十一号。二次的著作物の項目参照）になるのかどうかが、問題となります。元のプログラムに対して創作的な変更を加えたとはみられませんから、複製であると考えられます。（注二）

プログラムを作成した者は他の著作者と同様、手続きをすることなく著作者人格権および著作権をもつことができます（著作権法第十七条）。

◆参照条文（著作物の例示）

著作権法第十条　一項　この法律にいう著作物を例示すると、おおむね次のとおりである。

九号　プログラムの著作物。

（注二）　コンピュータソフトウェア製作者の権利を守ることを目的とした機関として、コンピュータソフトウェア著作権協会があります。

連絡先

〒112-0012

東京都文京区大塚5-40-18

友成フォーサイトビル5F

☎：03-5976-5175

第2節　著作物の種類

⑬プログラムの著作権保護

プログラムにおける表現は、著作権法により保護されます。

一、プログラムは、機械語に翻訳されたり、磁気ディスクや磁気ドラムに格納されたり、さまざまな態様で表現されているわけですが、これらは著作権法による保護を受けます。それにはソース・プログラムやオブジェクト・プログラムといったものがあります。

二、ＬＡＮと著作権の公衆送信権

あるコンピュータプログラム（複製物）を購入して、それをホストコンピュータから同一の構内にある端末のＲＡＭに送信し利用することは、公衆送信にあたり、そのプログラムの著作者が有する公衆送信権を侵すことになります（注一）（著作権法第二条一項七号の二、二十三条一項）。

（注一）　第１０４国会主要成立法参照。

◆特許による保護

著作権法による保護のほかに特許法による保護について学ぶ必要があります。

これに関し特許庁は、コンピュータプログラムを記録した記録媒体についても特許による保護が受けられるように、「産業上利用することができる発明の審査運用指針」等を一九九七年四月に改訂しました。

したがって、特許庁の審査基準は、デジタル計算機に対するプログラム（計算機に所望の作業を指令するための手順を精密に記述したもの）に関する発明として出願される場合には、(1)プログラムのみ、(2)プログラムと装置以外のシステム（例：事務処理システム）との組合せ、(3)プログラムと装置または装置系（例：工作機械用数値制御装置、計算機、プラント）との組合せがあることを掲げ、それらのいずれに対しても適用することを規定しています。（注二）

特許（注三）を受けるためには、新規性、進歩性を備えた産業上利用できる発明であることを要し、さらに発明は、自然法則を利用した技術的思想の創作のうち高度のものをいうわけですが、プログラムでは、個々の指令の集合体である計算機に所望の作業を指令するための手順は、プログラムの目的との関係にある特定の因果関係を利用して所期の目的を達成する点で、技術的思想の創作の一つであるということになります。また、自然法則の利用についても、「計算機の構造および計算機内部の作用」は自然法則に基づくものであるから、これに該当することになります。これらにより、プログラムを発明として特許法により保護しようということになりました。

（注二）　特許庁　審査基準　第三部第一章五～七頁。

（注三）　特許法と著作権法の違い　著作権と違って、特許権を得るには特許庁に出願して、その審査を受けなければなりません。

特許庁　一般審査基準　コンピュータ・プログラムに関する発明についての審査基準　特一九四・一九五。

⑭ プログラムを登録することの意味

プログラム著作物の創作年月日の登録を受けることで、その登録年月日に創作があったと推定されます。

プログラム著作物の著作者は、創作後六か月以内に、その著作物について創作年月日の登録を受けることができ、これによって、登録した年月日に創作があったと推定されます（著作権法第七十六条の二）。

プログラムの著作物の登録手続きは、ソフトウェア情報センター（注一）が担当しています（プログラムの著作物に係る登録の特例に関する法律　昭和六一年五月二三日法律第六五号参照）。

なお、これとは別に、他の著作物と同じく、著作権の移転や処分の制限、著作権を目的とする質権の設定、移転等は登録しなければ第三者に対抗することができません（著作権法第七十七条）。

（注一）　ソフトウェア情報センター
連絡先
〒105-0003
東京都港区西新橋３-16-11
愛宕イーストビル14階
☎：03-3437-3071

⑮ データベースは著作物である

情報の選択や体系化に創作性のあるデータベースは著作物として保護されます。

データベースとは、論文、数値、図形その他の集合物であって、これらの情報を電子計算機を用いて検索することができるように体系的に構成したものをいい（著作権法第二条一項十号の三）、情報の選択や体系的な構成に創作性があれば、情報自体が著作物であるかどうかとは無関係に著作物となります（著作権法第十二条の二）。

従来は編集著作物に含めていたのですが、単なる「素材の選択・配列」とは異なり、コンピュータによって検索項目を見つけ出すためのキーワードを選択し設けるという点やデータを体系化するといった点等に、データベース特有の創作性が見いだされるため、別個独立して保護されることになったわけです。（注一）

◆ **参照条文（データベースの著作物）**

著作権法第十二条の二　一項　データベースでその情報の選択又は体系的な構成によって創作性を有するものは、著作物として保護する。

（注一）　データベースの全部を複製するのでなく、一部をダウンロードする場合であっても侵害となります。また、情報が著作物でない限り、プリントアウトしても著作権上の問題は生じません。もちろん、情報が著作物である場合であっても、その著作者との間で権利処理を済ませていれば問題はありません（著作権法第十二条の二　二項）。なお、著作権法第四十七条の七ただし書き参照。

第2節　著作物の種類

⑯ 編集著作物とは何か

素材の選択または配列に創作性がある編集物を編集著作物といいます。

一、雑誌、新聞、全集、百科事典、論文集、電話帳などのように、ある素材を取捨選択し、一定の意図のもとにそれを配列してまとめた編集物は、その選択または配列に創作性があれば編集著作物[注一]として著作権保護されます（著作権法第十二条一項）。素材が著作物であるかどうかは編集著作物となる要件ではありません。著作物でない素材をまとめて作成した職業別電話帳は編集著作物となります。

二、編集著作物の全部を複製することは編集著作権の侵害となることはいうまでもありませんが、一部であったとしても、創作性を有する素材の選択または配列であると見られる部分を複製すれば、編集著作権の侵害となります[注二]。

◆参照条文（編集著作物）

著作権法第十二条　一項　編集物（データベースに該当するものを除く。以下同じ。）でその素材の選択又は配列によつて創作性を有するものは、著作物として保護する。

（注一）　ただし、データベースは除かれます。これはデータベースの著作物として保護されます（著作権法第十二条の二　一項）。なお、単なる五十音配列の電話帳は、著作権で保護される編集著作物とはなりません。

（注二）　素材が著作物であるときは、これを複製するには、その素材の著作権者の許諾が必要になります（著作権法第十二条二項）。司馬遼太郎全集という編集著作物の中の作品を複製すれば、司馬遼太郎の著作権を侵害することになります。

第2節　著作物の種類

⑰法人がプログラムの著作者である場合の保護期間

会社などの法人その他の団体が作成したプログラムの保護期間は、そのプログラムの公表後七十年です。

法人その他の団体が作成したプログラムの著作権は、そのプログラムの公表後七十年を経過するまでですが、プログラムが創作された後七十年以内に公表されなかったときは、その創作後七十年存続することになります（著作権法第五十三条）。

◆参照条文（団体名義の著作物の保護期間）

著作権法五十三条　一項　法人その他の団体が著作の名義を有する著作物の著作権は、その著作物の公表後七十年（その著作物がその創作後七十年以内に公表されなかつたときは、その創作後七十年）を経過するまでの間、存続する。

二項　前項の規定は、法人その他の団体が著作の名義を有する著作物の著作者である個人が同項の期間内にその実名又は周知の変名を著作者名として表示してその著作物を公表したときは、適用しない。

第2節　著作物の種類

⑱ 事実を伝えるだけの報道は著作物ではない

単に、事実を伝えるだけの雑報や時事の報道は、言語の著作物にはあたりません。

事実を伝えるだけの雑報としては、新聞に載せられた企業の人事異動の記事などがあり、著作権保護を受けることができません。また、時事の報道であっても、事実を伝えるだけのものであれば、これも著作権保護を受けることができません。しかし、思想や感情が創作的に表現されていれば、著作物として保護を受けることができます。たとえば、俳優が、いつ、どこで、結婚式を挙げたといったようなものは著作権保護されないわけですが、結婚式での二人の様子を事細かに感情などを織り交ぜて記事とした場合には、著作物として、保護を受けます。(注一)

◆参照条文（著作物の例示）
著作権法第十条　二項　事実の伝達にすぎない雑報及び時事の報道は、前項第一号（筆者注記…小説、脚本、論文、講演その他の言語の著作物）に掲げる著作物に該当しない。

（注一）　記者などの書き手が事実を報道する場合に用いる一定の表現形式（たとえば、情景描写を伴う報道記事）は、著作権保護を受けることができるのです。
報道写真は、写真の著作物として保護される場合がほとんどであるといえます。

第3節　クリエイターの創作活動と著作物

①応用美術の保護

著作権法は純粋美術を保護するという建前をとっているため、応用美術は一部を除いて著作権保護されません。

ここでは何が問題となっているのかというと、実用品に用いるために制作されたイラストレーションやデザインなどが、著作権法によって保護されるのかどうかといった点です。

では、なぜこのような問題が生じるのでしょうか。それは著作権法が絵画や彫刻といった純粋美術を美術の著作物として保護するという建前をとっているからです。ただし、この美術の著作物のなかには美術工芸品も含まれます（著作権法第二条二項）。美術工芸品というのは応用美術の一つですが、これ以外の応用美術は保護されないということになります。しかし、何らかのかたちで応用美術を保護する必要がありますから、解釈によって幾分補うとか、他の法律による保護を考えなければなりません。

裁判所は純粋美術と同質の美的創作物は著作権保護される趣旨の判断を下して

いますが、これはTシャツ用の図案や商業広告など純粋美術としての絵画や彫刻などと同一視できるような場合だけです。したがって、インダストリアル・デザインなどは意匠法による保護がなされます。ところが、応用美術のうち、どこまでが著作権法によって保護されるのかはっきりした基準といったものがありません。

この他の法律としては不正競争防止法や民法などが考えられます。たとえば、デザインとしてのバッグの形態などは、不正競争防止法による保護が考えられますが、わが国の需要者間に広く認識された商品表示とみられるまでに、その形態が周知になっていなければ保護されません（ただし、不正競争防止法第二条一項三号参照）。形態が商品表示として有名なものとしてコカ・コーラの瓶の形態があります。民法の場合には不法行為が考えられます。しかし、いずれにせよ、応用美術の保護は不完全であるといえます。

後で紹介する袋帯図柄事件では、本件袋帯の図柄は純粋美術と同質でなく、美術作品として美的鑑賞の対象となることができないとして、著作権保護を否定していますが、何をもって純粋美術と同質ではないとか、美的鑑賞の対象となることができないとかいえるのでしょうか。壁に飾ってある前衛美術などの作品のなかには、帯やネクタイの図柄と変わらないものがあるではありませんか。この点、鑑賞用であれば著作権保護され、実用目的であれば著作権保護されないというように制作意図によって決めたり、画家が描いた絵はたとえ実用品に用いるためのものであっても鑑賞美術を意図しているとみられるから著作権保護され、図案家の描いたものは実用上の利用を目的としているから著作権保護されないとする考え方がありますが、これらの考え方には賛同することができません。(注一)

(注一)　加戸守行『著作権法逐条講義新版』四六頁（著作権資料協会（現・著作権情報センター））第二条二項の解説参照。

◆応用美術とは何か

応用美術というのは美術やその技法を実用品に応用したものをいい、美術を実用品に応用したもの、美術の技法を物品や量産品に応用したもの、量産される実用品のひな型に用いられるためのもの、実用品に利用されるための模様としてのものなどに大別できます。(注二)具体的には、一品製作の陶器といった美術工芸品、ポットなどの大量生産される実用品に施された絵画や模様、電話のフォルム、家具に施された彫刻などがあります。

(注二)　著作権制度審議会（第二小委員会）審議結果報告（昭和四〇年四月）四頁。

◆裁判所は応用美術をどのように扱っているのか

裁判所は、一品製作の美術工芸品でなく、大量生産されるものであっても高度の芸術性あるいは美術工芸的価値としての美術性があれば、著作権保護されるとしています。また、実用品に利用するための図案であっても純粋美術と同一視できるものは著作権保護されるとしています。

◉赤とんぼ事件（長崎地裁佐世保支部昭和四八年二月七日決定、昭和四七年（ヨ）第五三号、無体財産権関係民事・行政裁判例集五巻一号一八頁）

多量に生産された「赤とんぼ」と題する彩色素焼き人形（博多人形）に著作権法による保護を認めています。理由として、感情の創作的表現があり、美術工芸的価値としての美術性もある、と述べ、さらに、美術的作品が、量産され産業上利用されるために製作され、現に量産されたというだけではその著作物性を否定することはできない、としています。さらに、意匠法による保護との重複保護の可能性をも認めて、当該人形は著作権法でいう美術工芸品である、と判断しました。

◉天正菱大判事件（大阪地裁昭和四五年一二月二一日決定、昭和四五年（ヨ）第三四二五号、無体財産権関係民事・行政裁判例集二巻二号六五四頁）

多量生産を予定している美術工芸品であっても、高度の芸術性を備えていれば著作権の対象となる場合がある、としています。ただし、この事件で著作物性が問題となった天正菱大判については、既存の大判にわずかな修正増減を施しただけでは創作性がない、という理由で著作権法による保護を否定しています。

◉Tシャツ事件（東京地裁昭和五六年四月二〇日判決、昭和五一年（ワ）第一〇〇三九号、判例時報一〇〇七号九一頁）

本件原画は、客観的、外形的に見て、Tシャツに印刷するという実用目的のために美の表現が実質的に制約を受けるということがなく、もっぱら美の表現を追求して製作されたものと認められ、純粋美術としての絵画と同一視できるから、著作権法にいう美術の著作物として著作権保護を受ける、としています。

◉仏壇彫刻事件（神戸地裁姫路支部昭和五四年七月九日判決、昭和四九年（ワ）第二九一号、無体財産権関係民事・行政裁判例集十一巻二号三七一頁）

本件彫刻は仏壇の装飾についてのものであるが、その模様や形状は仏教美術上の彫刻を思わせ、彫刻に立体感や写実感をもたせるよう独自の技法を生み出し使用して、精巧でしかも端麗に仕上げ、仏教美術的色彩を背景とした、それ自体美的鑑賞の対象となることができる彫刻であり、その対象、構成、着想等から、もっぱら美的表現を目的とする純粋美術と同じ美的表象であるといえるから、本件彫刻は著作権法の保護の対象である美術の著作物であるといえる、と述べています。

◆タイプフェイスに関する事件

◉写真植字機用文字書体事件（大阪地裁平成元年三月八日判決、昭和五八年（ワ）第四八七二号、判例時報一三〇七号一三七頁）

本件書体のような文字の書体であって、著作権法の保護の対象となるものがあるとすれば、本来、文字がもっている情報伝達機能を失わせる程でなくてもよいが、文字が情報伝達機能を発揮するような形で使用されたときの見やすさ、見た目の美しさだけではなく、書体それ自体が、平均的な一般人の美的感興を呼び起こして、その審美感を満足させるほどの美的創作性をもっていなければならないのであるが、本件書体は、実用性の強いものであり、美的創作性を有していないから、著作物性を認めることができない、としています。

◆この事件で著作物性が問題となった文字書体

なお、著作権法による保護ではありませんが、つぎに紹介する事例のように、写真植字機用文字盤は旧不正競争防止法（平成二年法律六六号）にいう「商品」にあたり、しかも商品表示として周知になっているとして、控訴人の文字盤製造販売行為につき商品の混同のおそれがある（旧不正競争防止法第一条一項一号）とした判例があります。

◉写研写真植字文字盤事件（東京高裁、昭和六三年（ネ）第二六四号、平成元年一月二四日判決、無体財産権関係民事・行政裁判例集二一巻一号一頁）

写真植字業界においては、特定の書体の文字が特定の枠体に特定の配列方法に従って配列されたものの全体が一個の文字盤として取り引きの目的とされているから、文字盤そのものが商品である。また、文字盤の製作にあたっては、採字効率を高めるため、文字の使用頻度を調査し、人間工学的観点を踏まえた、他社にない合理的な文字の配列をしたものであり、これが全国写真植字業者に利用される等の一因になったこと、写真植字業者が文字盤を購入する場合に、文字盤の四隅に記載された社名等の文字に細心の注意を払うことなく、被控訴人の文字盤と同一の形態的特徴をもつ控訴人（一審被告）の文字盤を被控訴人（一審原告）のそれと即断して購入する者が出るおそれがあり、控訴人らの系列代理店では控訴人の文字盤と被控訴人の文字盤をともに販売していることから、両文字盤の混同を否定することができない。なお、このほかにもタイプフェイスを旧不正競争防止法にいう「商品」であると決定したものがあります（注三）（東京高裁平成五年一二月二四日決定）。

※現行の不正競争防止法のもとでは、他人の周知表示混同惹起行為（第二条一項一号）として不正競争になるとみられる可能性があります。独立して取引される書体はここでいう「商品」に該当し商品表示と認められるからです。第二条一項三号にいう「商品の形態」とみることは難しいと考えます。特有の特徴を有するタイプフェイスが模倣された場合には、民法の不法行為（第七百九条）として責任を問うことも可能でしょう。

◉袋帯図柄事件（京都地裁平成元年六月一五日判決、京都地裁昭和六十年（ワ）第一七三七号、判例時報一三二七号一二三頁）

帯の図柄といった実用品の模様として利用されるための美的創作物が純粋美術

（注三）　一九七三年に開催されたＷＩＰＯ（世界知的所有権機関）の外交会議で採択された「タイプフェイスの保護及びその国際寄託に関するウィーン協定」があり、国際的にはタイプフェイスを著作権法、意匠法によるか、あるいは特例法により保護しようとする動きがありますが、この条約は未発効であるとともに、日本は未加入です。

としての性質をも有する場合には、美術の著作物として著作権法により保護されると考えられるが、本件における袋帯図柄は、客観的にみてそれが実用性の面を離れて一つの完結した美術作品として美的鑑賞の対象となることができるかどうかといった点を考えると、そうであるとはいえないから美術の著作物であるとはいえない、と判断しています。

◉木目化粧紙原画事件（東京高裁平成二年（ネ）第二七三三号、平成三年一二月一七日判決。判例時報一四一八号一二〇頁）

本件木目化粧紙の原画（以下、本件原画と記す）の製作工程と実用品に用いるためだけの図案（デザイン）を創作するための工業上普通に行われている工程とは本質的な差がなく、本件原画は工業上利用することができる物品に付せられた模様であり、本件原画に見られる天然木部分のパターンの組合せに通常の工業上の図案（デザイン）とは質的に異なった高度の芸術性を感得し、純粋美術としての性質を肯認する者はきわめてまれであろうと考えられ、社会通念上、純粋美術と同視することができるものと認められないから、著作物とはいえない。

※この判決で裁判所は、本件原画と同一の模様を物品に付して、競業する販売地域において、これを廉価で販売し他人の営業活動を妨害する行為（原告製品の販売価格の維持を困難にする行為）は、不法行為を構成するとしています（民法第七百九条）。なお、このケースでは前述

の新不正競争防止法第二条一項三号の適用が考えられます。

◉商業広告事件（大阪地裁昭和六〇年三月二九日判決、昭和五八年（ワ）第一三六七号、判例時報一一四九号一四七頁）

本件広告は、表現しようとする事柄の内容面から見れば提供するサービスや商品を示しただけであるが、その表現形式を見ると、全体として一つのまとまりのあるグラフィック（絵画的）な表現物として、見る者の審美的感情（美感）に呼びかけるものがあり、その構成に作者の創作性が現れているとみられるから、グラフィック作品として絵画に類する美術の著作物であるといえ、たとえ商業広告であっても、現行法制定の経過からして、著作物として保護すべきである、と述べています。(注四)

◆椅子《いす》の著作物性に関する判例

椅子（下欄写真）は著作権法による保護は受けられないとした判例（東京地方裁判所平成二二年一一月一八日判決。平成二一（ワ）一一九三号）。裁判所は、本件椅子のデザインは実用品のデザインであり、その外観は純粋美術や美術工芸品のような美術性を備えていないから、著作権法による保護対象とはならない、とした事例（ただし、いずれも類似しており需要者が混同するおそれがあることを認めて不正競争防止法第二条一項一号（周知な商品等表示）の不正競争行為にあたるとした）。

（注四）以上に紹介した判例のなかに、著作物であるとか著作物性がないとかいった表現がありますが、著作物であれば、また、著作物性があれば著作権保護されるという意味ですから念のために記します。

本件　原告の椅子（左）と被告の椅子

なお、知的財産高等裁判所（平成二七年四月一四日判決（平成二六（ネ）一〇〇六三号）は、まったく異なる判断を下しており、『著作権法の目的からして（同法一条）、「表現物が、実用に供されるか又は産業上の利用を目的とするかによって、直ちに著作物性を一律に否定することは相当ではなく、同法二条二項は、「美術の著作物」の例示規定にすぎず、「美術工芸品」に該当しない応用美術であっても、著作物性の要件を充たすものについては、「美術の著作物」として同法上保護されるものと解すべきである』と、椅子について著作物性を認めています。

※著作権法第二条二項は法律自体が解釈している規定（定義）であって例示規定ではないとみるべきであり、当該判決は解釈を誤ったものといえよう。

② キャラクターの保護

連載漫画や動画に登場するキャラクターは、著作権保護を受けることができます。

ミッキーマウスやサザエさんといったキャラクターは著作権保護を受けることができます。もちろん、漫画のキャラクターでなくても、イラストレーションとしてのキャラクターも著作権法上保護されるといえます。(注一) こういったキャラクターは、平面上にそっくりそのまま複製される場合だけではなく、人形など商品にされた場合であっても、実質的に類似していれば、著作権法により保護されます。

キャラクターを人形などの商品として製造や販売する場合には、著作権者とその旨の契約をしなければなりませんが、この契約は一般に商品化権使用許諾契約（若干名称に違いはありますが）と呼ばれています。

◆キャラクターとは何か

キャラクターとは、『工業所有権用語辞典（新版）』（日刊工業新聞社、一九七五）によれば、「アニメーション映画や出版物としての漫画に登場し、それぞれの作品の中で特

（注一）ただし、連載漫画などに何度も繰り返して登場することによって、登場人物の性格が、その顔、姿、形、役柄といったものをとおして、ずっと変わることなく表現されて初めてキャラクターと認められることになり、連載漫画に一度登場しただけでは漫画のキャラクターとはいえない、という考えがあります（秋吉稔弘他『著作権関係事件の研究』三五四頁、判例時報社）。

定の性格および外面的特徴を付与されて描かれる登場人物をいう」とあります。しかし、なかには、漫画だけでなく、小説に登場する主人公といったものまでもキャラクターに含まれると説明するものもあります（牛木理一『商品化権』（六法出版社、一九八〇）。この場合、物語に出てくる人物といったものは、それぞれの人がもつイメージによって具体化されているものですから、その容姿などについては人によって各々異なっているものといえます。たとえば、「眠れる森の美女」というお話に登場するオーロラ姫をウォルト・ディズニーが動画映画で表現したわけですが、他の人はこれとはまったく違う顔形のオーロラ姫を思い浮かべていたはずです。

ここでは、漫画や映画といった形において表された場合の登場人物をキャラクターと呼ぶことにして（注二）、キャラクターが問題となった判例を紹介します。

◆キャラクターが問題となった事例

◉サザエさん事件（東京地裁昭和五一年五月二六日判決、昭和四六年（ワ）第一五一号、判例時報八一五号二七頁）（注三）

著作権法によるキャラクターの保護をわが国で初めて認めた事例は「サザエさん」事件です。

（注二）　他にキャラクターとしては小説などの、文字によって書き表された登場人物といったものがあります。

（注三）　佐藤薫「サザエさんが事件!?」キャラクターの保護（ＪＣＡ通信（公益社団法人日本漫画家協会）二一五号）。

どういう事例か

漫画家である長谷川町子（原告。以下、Xと記す）は、四コマ漫画「サザエさん」の著作者で、昭和二一年から、これを夕刊フクニチという新聞に連載し、昭和二四年からは朝日新聞に連載していました。ところで被告である立川バス株式会社（以下、Yと記す）は、観光バスの営業を開始するにあたって、そのバスの車体の両側に、サザエさん、カツオ、ワカメそれぞれの顔の部分を描いて、昭和二六年五月一日から昭和四五年一二月三一日までの間、「サザエさん観光」と称して、貸切りバス業務を営みました。そこでXは、Yの行為は、サザエさんという漫画からキャラクターを再製したものであり、複製権（著作権の一つ）を侵害するものであるとして、損害賠償を請求したというものです。

裁判所はどう言っているか

連載漫画においては、キャラクターという言葉は、そこに登場する人物の容貌、姿態、性格等を表現するものとしてとらえられ、Yのバスに描かれたサザエさんらの顔の絵（下図参照）と同じか、あるいは類似のものを、Xが連載した漫画「サザエさん」の中から見つけることができるかもしれないが、別にそのようなことをしなくても、長い年月にわたって新聞紙上に掲載されて構成された漫画「サザエさん」のキャラクターを利用するものであるから、YはXの著作権を侵害する。

本件で問題となったバスに描かれた絵

◉たいやきくん事件（東京地裁昭和五二年三月三〇日判決、昭和五一年（ワ）第三八九五号、最新著作権関係判例集七一三頁）

どういう事例か

株式会社フジテレビジョン（原告。以下、Xと記す）は、昭和五一年一月四日に、画家の田島司が描いた「たいやきくん」の原画についての著作権を譲り受けた著作権者である。他方、株式会社札幌ドールは、昭和五一年一月中旬以降、Xに無断で別の会社に発注して、「たいやきくん」の原画に基づいた縫いぐるみ人形を製造させ、販売した。この人形は、数種の色彩、柄の布地を裁断して縫製し、その中に綿類などの芯を詰め込んだもので、魚の顔をしており、体も魚の形をしており、その形や表情は「たいやきくん」のそれと同一であることが認められるため、XがYに対して著作権侵害であるとして訴えた事件です。

裁判所はどう言っているか

本件縫いぐるみは、「たいやきくん」の原画に基づいて、これを変形して製造されたものであると見られるから、YはXの著作権を侵害したことになる。

◉ライダーマン事件（東京地裁昭和五二年一一月一四日判決、昭和四九年（ワ）第五四四一

五号、判例時報八六九号三八頁）

この事例は「サザエさん」事件での判決の考えを受け継いだものですが、これもキャラクターについての事件の代表的なものですから紹介します。

どういう事例か

映画の製作、配給等を目的とする会社である東映株式会社（被告。以下、Yと記す）は、「仮面ライダーV３」と「ライダーマン」とが協力し、悪漢「デストロン」をやっつけるという物語を骨子とする、五二話からなるテレビ映画を製作した著作権者である。

ところで原告（以下、Xと記す）は、玩具の製造、販売業を営む者で、Yが「ライダーマン」に似ていると主張するところの塩化ビニル製の面を製造、販売した。これを知ったYは、Xの行為は「ライダーマン」のキャラクターを利用する行為であって、映画の著作権を侵害するものであるとして、Xに対し、その面を製造、販売することを差し止める権利をもっている、と警告した。

そこでXは、自己が製造する子供用のお面は「ライダーマン」の表情と同じではないとして、裁判所に対して、Yが主張するような差止権が存在しないことを求める訴えを起こした。

裁判所はどう言っているか

Xの面と「ライダーマン」が変身したときの顔形とを比較してみると、些細な違いはあるが、基本的にはどちらも同じ特徴をもっており、全体的に見れば、ともに昆虫を連想させる独特の印象を与えるから、この面は、一般視聴者とくに児童幼児が見て、映画の「ライダーマン」だと思うのに十分な容貌をもっているといえる。また、いろいろな事実をあわせて考えれば、Xは「ライダーマン」を見て面を製作したものと思われ、そうではないと反論できるような証拠がないので、Xの行為は、Yの映画に登場する「ライダーマン」のキャラクターを利用するものであり、Yの映画の著作権を侵害している。

◆参照条文（定義）

著作権法第二条　一項　この法律において、次の各号に掲げる用語の意義は、当該各号に定めるところによる。

一号　著作物　思想又は感情を創作的に表現したものであつて、文芸、学術、美術又は音楽の範囲に属するものをいう。

十一号　二次的著作物　著作物を翻訳し、編曲し、若しくは変形し、又は脚色し、映画化し、その他翻案することにより創作した著作物をいう。

十五号　複製　印刷、写真、複写、録音、録画その他の方法により有形的に再製することをいい、次に掲げるものについては、それぞれ次に掲げる行為を含むものとする。（筆者注記…以下略）

◆参照条文（複製権）

著作権法第二十一条　著作者は、その著作物を複製する権利を専有する。

◆参照条文（翻訳権、翻案権等）

著作権法第二十七条　著作者は、その著作物を翻訳し、編曲し、若しくは変形し、又は脚色し、映画化し、その他翻案する権利を専有する。

◉ポパイキャラクター事件

キャラクターは、漫画の具体的表現から昇華した登場人物の人格ともいうべき抽象的概念であって、それ自体が思想または感情の創作的表現ということはできないから、一定の特徴を有する登場人物が反復して描かれている一話完結形式の連載漫画においては、当該登場人物が描かれた各回の漫画それぞれが著作物に当たり、具体的な漫画を離れて、ポパイなる（筆者記す）登場人物のいわゆるキャラクターをもって著作物ということはできない。……複製というためには、細部まで一致する必要はなく、「その特徴から当該登場人物を描いたものであることを知り得るものであれば足りる」として、著作権侵害を認めた事例。

平成四（オ）一四四三号　最高裁判所第一小法廷平成九年七月一七日判決

（民集　第五一巻六号二七一四頁）

本件　原告の作品（左）と被告の図柄

③ パロディを制作するとき

パロディを制作するには、利用する原作品の著作者や著作権者の承諾を必要とします。

パロディを制作するには、原作品を使用するわけですから、著作権者の承諾が必要になります。そうでないと、著作権侵害の問題が生じることになります。また、原作品に何らかの変更を加えるのですから、同一性保持権の問題が生じます。（注一）つまり、著作者は勝手に自分の作品を改変されないという著作者人格権を有していますから、みだりに原作品に手を加えたりすると著作者人格権侵害の問題が出てくるわけです。ですから、著作者および著作権者（普通は著作者と著作権者は同一人物）の承諾を得るようにしましょう。

パロディが問題となった事例として、「モンタージュ写真」事件というのがあります。パロディといっても、控訴審の東京高等裁判所がパロディという語を用いて判断したものであって、本当の意味におけるパロディ事件とはいえないかもしれませんが、わが国のパロディ事件としてはこれが代表的な事例であるといえます。

（注一）　なお、商標を利用したパロディについては、佐藤薫「商標パロディ」大阪大学大学院国際公共政策研究４巻１号一四七頁から一六三頁を参照。

◆判例紹介

◉モンタージュ写真事件（第一審、東京地裁昭和四七年一一月二〇日判決、昭和四六年（ワ）第八六四三号、判例時報六八九号五七頁。控訴審、東京高裁昭和五一年五月一九日判決、昭和四七年（ネ）第二八一六号、判例時報八一五号二〇頁。上告審、最高裁昭和五五年三月二八日第三小法廷判決、昭和五一年（オ）第九二三号、判例時報九六七号四五頁）

※この事件は旧著作権法時代のものであることを付言しておきます。

どういう事件か

山岳写真家である白川義員（原告。以下、Xと記す）が、雪山の斜面をスキーヤーが波状のシュプールを描きながら滑降している情景を撮影したカラー写真を創作したところ、グラフィック・デザイナーであるマッド・アマノ（被告。以下、Yと記す）が、Xの写真を利用して、周囲をトリミングするとともに、その上方やや右寄りに自動車のタイヤの写真を配して合成し、白黒写真に仕上げ、これ（以下「本件モンタージュ写真」と記す（下図参照））を自作写真集や週刊誌にそれぞれ掲載、発表したので、Xが著作権および著作者人格権を侵害された、として訴えを提起しました。

裁判所はどう言っているのか

第一審の東京地方裁判所はつぎのように述べて原告の主張を認めました。

本件で問題になった被告の写真（左）と原告の写真

本件モンタージュ写真が一つの芸術形式と認められ得る、あるいは認められているということと、さらにまた、利用されたXの写真とは異なる表象、思想、感情を与える新たな著作物であるということと、著作権侵害の有無とはまったく別個の問題である。また、本件モンタージュ写真は、Xの写真を改変することにより、その製作意図を破壊してしまっている。

控訴審の東京高等裁判所は第一審とは逆に控訴人（被告Y。Yは第一審の結論を不服として第二審である高裁に控訴〔上訴〕したので控訴人と呼ばれます）の主張を認めました。

フォト・モンタージュというものが風刺の目的で作成されたときは「言語によらないパロディ」といわれるものとなるのであって、本件モンタージュは、このフォト・モンタージュとしての創作力を有するから、Xの写真のパロディといえる。「本件モンタージュ写真の作成は、他人の著作物のいわゆる「自由利用」（フェア・ユース）として」許されるべきであると考える。また、自己の作品に他人の原作品を引用する程度や態様は、自己の著作の目的からみて必要でしかも妥当であれば足り、その結果、原作品の一部が改変されたとしても、原作品の著作者は受忍しなければならないと考えられる。（注二）

上告審の最高裁判所はつぎのように述べて原判決を破棄して、東京高等裁判所に差し戻す旨の判決を言い渡しました。つまり、上告人（原告X。Xは控訴審の判断

（注二）　この判決には多くの問題があり、賛成することができないので注意が必要です。確かに、多少なりともパロディについて検討しようとする意欲がある点については評価すべき判決であったといえます。しかし、パロディの概念や、Yの利益に重きを置いたときに生じるXが受ける不利益といったものをよく検討しなければならなかったのではないでしょうか。

に不服があったために最高裁に上告〔上訴〕したので上告人と呼ばれます）の請求が認められたわけです。

旧著作権法（法律第三十九号）第三十条一項二号が規定する節録引用とは、他人の著作物の一部を引用する場合をいうから、著作権侵害である。また、引用であっても、利用される原作品の著作者の著作者人格権（同一性保持権）を侵害するような態様であってはならない。Xの写真部分が本件モンタージュ写真のなかに一体的に取り入れられ利用されている状態であっても、Xの写真の本質的な特徴を直接感じとれるから、同一性保持権を侵害する改変である。（注三）

◆参　考

「モンタージュ写真」事件での事実を勘案すると被告の作品は保護されるべきパロディであるとは思われません。しかし、真に自己の思想をどうしても表現するために利用することが必要であったという場合には、パロディストがもつ表現の自由と利用された側の著作権および著作者人格権とを秤にかけて、どちらに重きを置くかということを検討しなければならないと考えます。そこで私論をつぎに簡単に示しますので参考にしてください。（注四）

（注三）　現行著作権法では、「節録引用」とはしないで、ただ単に「引用」と規定していますから、写真等は全部引用ができる場合があると考えます。

（注四）　佐藤薫『著作権法第二十条第二項第四号の解釈と表現の自由権』著作権研究第十七巻、有斐閣。

◆私　論――パロディの保護についての一つの考え

パロディも思想を表すための一つの手段であると考えると、憲法の保障する表現の自由による保護を検討する必要があります。著作権は究極的には、憲法第二十九条によって保障される財産権であり、しかも著作者人格権（ここでは同一性保持権が問題となります）は憲法第十三条から導き出すことができる権利であると考えるわけです。しかし、他の作品を利用してパロディを制作した者には表現の自由が保障されています。つまり、その作品を使用しなければ自己の思想を表現できない場合であって、それが公にされることが大勢の人達の利益につながるといったような場合には、著作権侵害および著作者人格権侵害のいずれをも免れることができるのではないかと考えます。なぜなら、民法であれ刑法であれすべての法律についていえることですが、著作権法の解釈は憲法の精神に適合するようになされなければなりませんし、著作権法という法律自体、憲法を無視したかたちで存在することはできないので、表現の自由を優先しなければならない場合が当然出てくるものといえるからです。（注五）

著作権法はその第三十二条に「引用」についての規定をおいています。一定の条件に従い公表された作品を引用することができる旨の規定です。この規定を解釈すれば、どうしても他人の作品を、一部だけではなく、全部引用しなければ自己の思想を表現することができない、といったような場合であれば、原作品の全部引用

（注五）　表現の自由のほうが著作権や著作者人格権より優れているという意味ではありません。

も可能であると考えます。たとえば、写真や絵画、あるいは、詩といったものが考えられます。もし、この規定だけでは不十分である、ということであれば、憲法第二十一条一項(表現の自由)が直接考慮されるべきです。

もう一つは著作者人格権である同一性保持権の問題です。同一性保持権については著作権法第二十条が規定していますが、その二項四号は、著作物の性質並びにその利用の目的および態様に照らしてやむを得ないと認められる改変の場合には同一性保持権の侵害にはならない、と規定しています。

著作権法は憲法の精神に則って成立しているわけですから、解釈する場合も憲法を無視することはできません。そう考えるならば、パロディとしての改変を、表現の自由の観点から、二項四号の改変として認めなければならない場合があるのではないか、と考えます。この場合にも、この規定だけでは不十分である、ということであれば、憲法第二十一条一項(表現の自由)が直接考慮されるべきです。(注六)

◆パロディとはどういうものか

パロディという言葉の意味についてですが、国語辞典をひも解くと、つぎのような説明がなされています。まず、広辞苑(第五版)によれば、「文学作品の一形式。有名な文学作品の文体や韻律を模し、全く反する内容を読み込んで滑稽化・風刺化し

(注六)　表現の自由に関する憲法第二十一条一項の規定は直接適用可能と考えます。

た文学」をいうとあり、さらに、大辞林（第二版）においては、「既成の著名な作品また他人の文体、韻律などの特色を一見してわかるように残したまま、全く違った内容を表現して、風刺・滑稽を感じさせるように作り変えた文学作品」をいうとあります。いま二種類の辞典を見たわけですが、このように見てくると、パロディというのは文学の分野に属する概念であるように思われます。とはいえ、文学以外の分野においても、よくパロディという言葉を耳にします。そこで、この点について外国ではどうなっているのかを知るために、著作権法にパロディの規定をもつフランスについて見ることにしましょう。

まず、フランス著作権法第四十一条(Loi du 11 mars 1957 sur la propriété littéraire et artistique)（注七）を見ますと、その柱書きに、「著作物が公表されたときは、著作者は次の各号に規定する事項を禁じることができない」と規定し、さらに本条第四号に、「パロディ(parodie)、パスティシュ(pastiche)およびカリカチュール(caricature)。なお、これらについてはジャンルの決まりを考慮するものとする。」（注八）と規定しています。

そこで、これについてのフランスの概説書を見ると、パロディは音楽の分野に属するものをいい、パスティシュは文学の分野に、そしてカリカチュールは美術の分野に、それぞれ属するものをいう、と述べています。つまり、ここでは、先ほどの国語辞典の場合と違って、パロディは音楽作品であるといっているわけです。

つぎに、外国においてもパロディは美術の分野には存在しないのかどうかを確

（注七）　現行フランス著作権法（知的財産法典第一部第一二二条の五　四項）。

（注八）　Cléude Colombet,「Propriété Littéraire et Artistique et Droit Voisins [troisiéme édition]」.

かめるために「A THEORY OF PARODY（パロディ論）[注九]」という書物を見ることにしましょう。するとここでは、美術の分野におけるパロディを紹介しており、しかもパロディを、文学作品または他の芸術的な対象の、通常滑稽さをもって主張される表現をいう、と定義して、文学作品に限定していません。しかも、フランスの場合において、先ほどの三つのジャンルが明確に区別されて用いられているのかというと、どうもそうではなさそうです。

このように見てくると、パロディというのは、文学、音楽、美術の分野すべてにわたって存在する概念であると見てよいものと思われます。また、一般的には、厳密な意味においてパロディではないとしても、つぎに示すような、これによく似た概念をひっくるめて、パロディと呼んでいるものといってもよいでしょう。

たとえば、パロディと同じような意味合いの言葉として、パスティシュ（pastiche）、バーレスク（burlesque）、カリカチュア（caricature）、トゥラベスティ（travesty）、サタイア（satire）、モック・エピック（mock-epic）といったものがあります。

ところで、わが国において、パロディの起源はいつ頃かという点についてですが、これについては定かではありません。しかし、平安時代において、パロディらしきものが存在していたといえます。それは「本歌取り」と称されるものです。もちろん、「本歌取り」それ自体を即パロディであると断言することはできませんが、手法においてパロディに酷似しているといえるでしょう。

（注九）Linda Hutcheon 著　四九頁。

ここで「本歌取り」の例を挙げることにします。なお、元の歌には「本歌」と記します。

ささなみの國つ御神のうらさびて荒れたる京見れば悲しも（萬葉集一巻、「本歌」）

さゞ波や国つみ神の浦さびて古き都に月ひとりすむ（千載和歌集第十六、雑歌、法性寺入道前太政大臣）

なお、この時代であっても、無制限に本歌を取ることを認めていたわけではなく、一応の決まり（心得）というものがあったようです。これについて、中世の歌人であった藤原定家は「毎月抄」においてつぎのようなことを言っています。「本歌取り待るやうは、…（中略）…花の歌をやがて花によみ、月の歌をやがて月にてよむ事は達者のわざなるべし。春の歌をば、秋、冬などによみかへ、恋の歌などをば雑や季の歌などにて、しかもその歌をとれるよと、きこゆるやうによみなおすべきにて候。本歌の詞をあまりにおほくとる事はあるまじき事にて候」。

このように定家は、あまり多く本歌の詞を取ってはいけない、といった本歌取りのありようについて説明しています。ところで、本歌取りの例を見て、パロディとは違う大きな点を見いだすことができます。それは「滑稽化」という点です。パロディとどの歌は、滑稽化されていないという点が、パロディとは異なるところです。

では、滑稽化という点も含めて明らかにパロディであるといえるのは江戸時代初期に始まり浮世草子が現れるまで、盛んに当時の人々に読まれた仮名草子といわれるものでしょう。これは通俗的な散文文芸を総称した言葉ですが、そのなかで、「伊勢物語」をもじった「仁勢物語」、「徒然草」をもじった「新つれづれ草」や「吉原徒然草」、「茶人つれづれ草」、「方丈記」に擬した「犬方丈記」、さらには、「枕草子」に擬した「尤の雙紙」や「犬枕」などがあります。そしてこのなかでも「尤の雙紙」や「犬枕」は、「仁勢物語」や「新つれづれ草」と違って、「……もの」という形式をまねているにすぎません。

以上は、仮名草子についてですが、この他には、元の作品をもじる形式ではなく、因襲的抒情をパロディ化するというのもあります。たとえば、芭蕉の「此梅に牛も初音と鳴つべし」とか「梅干にかよう黄鳥あわれなり」といった句は「梅に鶯」という因襲的抒情のパロディであるといえます。もちろん、この場合におけるパロディは法律上問題はないといえるでしょう。

いままで日本の例を見てきましたので、外国の例を見ることにしましょう。

ノンセンス文学(注十)のルイス・キャロル(Lewis Caroll)はパロディストとしても著名な人でしたので、彼の作品を紹介することにします。これはロバート・サウスィ(Robert Southey)の作品をキャロルがパロディ化したもので、いずれも韻文で書か

（注十）　一般に英語のノンセンス(nonsense)は、わが国ではナンセンスと同様に扱われているが区別すべきである。ある対象をばかばかしいと認識すればそれはナンセンスであり、その対象を何らかの意図のもとになされているものと認識すればノンセンスである。

れた作品ですので、原文のまま、その一部を紹介することにします。最初のがサウスィの作品で、後のがキャロルの作品です。ちなみにキャロルのこの作品は「地下の国のアリスの冒険(Alice's adventure under ground)」という題名で「不思議の国のアリス」の原文です。

“You are old, Father William,” the young man cried;
“The few locks which are left you are grey;
You are hale, Father William,– a hearty old man:
Now tell me the reason, I pray.”
「年をとったね、ウィリアム父さん」と若者が大声で言った。
「髪の毛も残り少なくなったし、白髪だ。でも元気だね、
ウィリアム父さん。丈夫な老人だよ。ねえ、お願いだから、
その秘訣を教えてくれよ」
Robert Southey, “The Old Man's Comforts and how he gained them”

“You are old, Father William,” the young man said,
“And your hair has become very white,
And yet you incessantly stand on your head

Do you think, at your age, it is right ?"
「年をとったね、ウィリアム父さん」と若者が言った。
「それに髪の毛がとっても白くなってさ。でも、
いつも逆立ちしているね。その年でこんなことしていて、
いいことだと思っているのかい？」
Lewis Carol, "Alice's adventures under ground, chapter V"

韻文が出たところで、フランスのヴェルレーヌ(Verlaine)の詩をパロディ化した例も挙げることにしましょう。
上段の詩がヴェルレーヌの作品で、下段の詩がこれをパロディ化した作品です。

Il pleure dans mon coeur
Comme il pleut sur la ville.
Quelle est cette langueur
Qui pénètre mon coeur?
街に雨が降るように
私の心に涙が流れる。
私の心に入り込む

Il flotte dans mes bottes
Comme il pleut sur la ville.
Au diable cette flotte
Que pénètre mes bottes!
街に雨が降るように
私の長靴のなかに雨が降る
ええい、いまいましい

この物憂さは一体何であろうか。

ヴェルレーヌ（Verlaine）

私の長靴のなかに入りくるこの雨め

アポリネール（Apollinaire）

以上のようにパロディについて概観したわけですが、ここでは、パロディとは、美術であれ、文学であれ、分野のいかんにかかわらず、ある作品を用いることにより、その原作品を感知させながら、風刺、滑稽化した作品をいうものとします。

著作権の種類１

複製権（二十一条）印刷、写真、複写、録音、録画（脚本など演劇用の著作物の上演や放送または有線放送の録音、録画を含む）することができる権利。建築の著作物の場合は建築図面に従って建築物を完成する権利。

上演権・演奏権（二十二条）不特定の者または特定多数の者（公衆）に直接見せまたは聞かせることを目的として（以下「公に」）上演・演奏する権利。

上映権（二十二条の二）映画のみならず他のすべての著作物について公に上映する権利。スクリーン上だけでなくディスプレイ、モニターに絵画を映し出すことも上映になります。

公衆送信権・送信可能化権・公に伝達する権利（二十三条）テレビ・ラジオ放送や有線放送（公衆送信権）、インターネットの双方向性のある（インタラクティブ）送信（自動公衆送信権）、サーバー（ホストコンピュータ）へのアップロードした状態（送信可能化権）などに関する権利。家庭用テレビ受像機を除き、大型ディスプレイなどに放送された著作物を受信して公に視聴させる権利（公の伝達権）。

口述権（二十四条）小説や詩の朗読、講演、演説などのほか、これらを録音したものを再生する場合に働く権利。ただし、上映や公衆送信に該当する場合を除きます。

展示権（二十五条）原画としての絵画や、未発行の原写真（ネガフィルムからのオリジナルコピー。デジタルカメラで撮影した写真をＲＡＷ形式で記録しこれを専用ソフトウェアでＪＰＥＧといった画像に変換処理（ＲＡＷ現像）して得られる写真や一般的なデジタルカメラで撮影した写真）を公に展示する権利。ただし、一般公衆の見やすい屋外の場所に恒常的に設置する場合などを除き、原画を購入した者（所有者）がする展示には権利行使できない。

＊**頒布権**（二十六条一項及び二項）、**譲渡権**（二十六条の二）、**貸与権**（二十六条の三）については130ページのコラム参照。翻訳、編曲、変形、翻案、脚色、映画化する権利（二十七条）、および二次的著作物の利用権（二十八条）の本文解説参照のこと。

第2章 著作権と著作者人格権

著作者は作品を作成した時点で、その作品について著作権者となりますが、同時に著作者人格権を享有する（もつ）ことになります。

著作権は財産権なので他人に譲渡することができるのに対して、人格権である著作者人格権は譲渡することができません。

また、発明者には自然人である人（人間）しかなれませんが、著作者の場合は会社などの法人も著作者となれます。この場合に法人の作品（著作物）を法人著作といいます。

著作権の保護期間についてはTPP11協定が、わが国において効力を生じた2018年12月30日から、著作者の死後50年が70年に延長されました。

第1節 財産権としての著作権と著作者人格権

① 著作者は、どのような権利をもてるのか

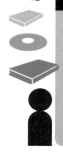

著作者は著作権と著作者人格権という権利をもつことができます。

感じたり、考えたりしたことが独自に表現されていれば、未完成であっても、その作品の著作者は著作権や著作者人格権をもつことになります。たとえば、油彩画家がデッサンしただけの場合であっても、そのデッサンについて各々の権利をもつことになります。(注一)

ただし、著作権を他人に全部譲渡した場合は、その著作者は著作権者でなくなります。

◆参照条文（著作者の権利）

著作権法第十七条　一項　著作者は、次条第一項、第十九条第一項及び第二十条第一項に規定する権利（以下「著作者人格権」という。）並びに第二十一条から第二十八条までに規定する権利（以下「著作権」という。）を享有する。

（注一）　88ページの「著作権の種類1」及び130ページの「著作権の種類2」を参照。

＊江戸時代における著作権様《よう》の権利について興味のある方は、佐藤薫「論説　写楽と秋田藩」帝塚山法学第一一号を参照ください。

第1節　財産権としての著作権と著作者人格権

② 著作者と著作権者はどう違うのか

著作者は著作物を創作した者をいいます。著作者は作品を創作した時点で著作権者になります。

著作権者は、複製権、上演権、展示権など（著作権法第二十一条から第二十八条までの権利）の権利をもっています（注一）。

著作者が著作権を他人に全部譲渡した場合は、たとえ著作者であっても勝手に自分の作品を利用することができなくなります。一部だけ譲渡した場合には、その部分について利用できなくなります。

◆参照条文
著作権法第二十一条から第二十八条まで。

（注一）　このように著作権は、さまざまな権利が集まったものであるため、権利の束といわれることがあります。

第2節　著作権の基本

① 著作権者になるにはどうしたらよいのか

著作物を作成した者を著作者といいますが、著作者は何ら手続きをしなくても著作権者となります。

一、著作者が著作権者になるための手続き

手続きといったものはまったく必要ありません(注一)（著作権法第十七条）。たとえば、ある者が絵を描いたとすれば、その時点において、その者は著作権者となるわけです。もちろん、絵が完成していなくても、何らかの表現がなされていると見られるならば、その絵について著作権者であるといえます。

二、著作権の譲渡とは

著作権者から著作権を譲り受けた者は著作権者となります（著作権法第六十一条）。著作権の譲渡(注二)は、ただ単に、著作権者が譲受人（著作権を譲り受ける者）に著作権を譲渡することを告げ、譲受人がこれを承諾すればよいのであって、この時点で譲渡が成立することになります。譲渡は、著作権者が著作権を譲渡すると相手に口頭で述べ、相手がその著作権を譲り受けることを承諾すれば成立するわけですが、第三者に対

（注一）　方式主義を採用しており、万国著作権条約に加入等している国で、わが国の著作物について保護を受けようとする場合には、©表示を付する必要があります。©表示は、Copyright の頭文字を採った記号に、著作権者の氏名および最初の発行の年（西暦でも良い）を併記することでなされます。なお、ベルヌ条約の同盟国間においては、何ら手続きは必要ありません。現在は、ほとんどの国がベルヌ条約を批准しています。

（注二）　ただし、著作権法第二十七条または第二十八条の権利（翻案権等）を譲渡するには、特約がなければなりません。また、この権利が譲渡されたときは、その限りにおいて著作者の同一性保持権が制限されます。

して、譲り受けたことを主張するためには、文化庁に登録しなければなりません。これは不動産の所有権移転の場合に似ています。(注三)

さて、著作権の移転の場合も同様に、著作権法はその第七十七条で著作権の移転は登録しなければ第三者に対抗できません、といっているのです。

これも例を挙げて説明するとつぎのようになります。著作権者のAさんが、著作権をBさんに譲渡し、他方、Cさんにも同じ作品について著作権を譲渡したところ、Cさんはその著作権が移転したことを登録しました。この場合、Bさんは登録していないわけですから、第三者であるCさんに対して、自分が著作権を譲り受けたんだ、と主張することができないことになります。もちろん、Cさんのほうは登録しているわけですから、Bさんに対して主張することができるのです。

では、この場合、Bさんはただ泣き寝入りするしか仕方がないのでしょうか。

Aさんは約束を破ったわけですから、BさんはAさんに対して債務不履行による損害賠償請求(民法第四百十五条)をすることができるでしょう。また、Aさんが、Bさんを困らせるためにわざと譲渡するといったような場合には、要件を満たしていれば、不法行為による損害賠償を請求することも可能であると考えます(民法第七百九条、第七百十条)。なお、債務不履行による損害賠償と不法行為による損害賠償とを一緒に請求することができるかどうかについて、学者の間で、できる、できないといった争いがありますが、可能であると考えます。

(注三)　たとえば、ここで、不動産の二重売買の場合を考えてみましょう。Aさんという人がいて、自分の所有する同じ土地、建物を、BさんとCさんに売る約束をしました。Aさんは、Bさんにその建物の鍵を渡し、Cさんに対しては登記をさせました。ところで、事情を知ったBさんとCさんは互いに、この不動産は私のものだ、といって譲り合いません。この場合、どちらの主張が認められるかというと、登記をしたCさんのほうであるといえます。なぜなら、民法第百七十七条は登記をしないと第三者に対抗できませんよ、と規定しているからです。

第２節　著作権の基本

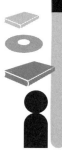

②　著作権の保護期間は何年か

著作権の保護期間は、著作者が著作物を創作した時から始まり、著作者の死後七十年までです。

ＴＰＰ11協定（環太平洋パートナーシップに関する包括的及び先進的な協定）は、同協定の署名国のうち六か国目であるオーストラリアが二〇一八年一〇月三一日に国内手続を完了した旨の通報を協定の寄託国であるニュージーランドに対し行った結果、ＴＰＰ11協定の発効日が二〇一八年一二月三〇日となり、同時に著作権延長が施行されました。

一、個人で創作した作品の保護期間

著作権による保護期間は、著作者が著作物を創作した時から始まり、その著作者が亡くなった後七十年が経過するまでの期間です。（注一）

たとえば、一九九〇年の五月二八日に著作者が死亡したとすると、その翌年である一九九一年から数えて七十年である二〇六〇年一二月三一日まで著作権が存続

（注一）　保護期間の起算年が、翌年一月一日で、七十年後の一二月三一日までという意味です。なお、映画の著作物のみすでに公表後七十年となっています。

していることになります。

二、二人以上が共同して創作した作品の保護期間

共同著作物（注二）（複数の者が共同して創作した著作物）の場合は、一番最後に死亡した著作者の死後七十年です。

※著作権は作品を創作した時から生じます。

◆参照条文（保護期間の原則）

著作権法第五十一条　一項　著作権の存続期間は、著作物の創作の時に始まる。

二項　著作権は、この節（筆者注記…著作権法の「第四節　保護期間」のこと）に別段の定めがある場合を除き、著作者の死後（共同著作物にあつては、最終に死亡した著作者の死後。次条第一項において同じ〔筆者注記…無名または変名の著作物の著作権の存続期間〕。）七十年を経過するまでの間、存続する。

三、著作者名を表示していない作品やペンネームなどの変名を著作者名として表示した作品の保護期間

無名の著作物（著作者名を表示していない著作物）や変名の著作物（ペンネームなど実名以外の名前、名称を著作者名として表示した著作物）の場合は、つぎの（1）（2）（3）のいずれか一つにあてはまらない限り、その著作物の公表後七十年が経過するま

（注二）　座談会や対談のように各人の寄与を分離することのできない著作物を共同著作物といいます。なお、曲がついている歌詞のように各人の著作物が複数結合している著作物は共同著作物ではなく、結合著作物といわれています。

での期間、著作権が存続することになります。ただし、公表後七十年経っていなくても無名の著作物または変名の著作物の著作者が亡くなって後七十年が経過していると認められる場合には、その著作者が亡くなって後七十年が経過したと認められる時に著作権が消滅したことになります。

（1）変名の著作物における変名がその著作者のものであるということが周知である場合。たとえば、「走れメロス」という作品の著作者名が太宰治（変名）と表示されていますが、この太宰治という名前は津島修司（実名）という著作者の変名であるということが誰にでもわかっている場合です。

（2）無名の著作物または変名の著作物の公表後七十年を経過するまでに実名の登録をした場合。実名の登録は申請者が、著作者の氏名または名称および住所または居所を記載した申請書に、著作権法施行令第二十一条二項一号に掲げられた事項を記載した書面と戸籍または登記簿の謄本または抄本、住民票の写しその他実名を証明することができる書面を添付して、これを文化庁長官宛に提出しなければなりません（著作権法第七十五条一項、著作権法施行令第二十条、第二十七条）。

（3）無名の著作物または変名の著作物の公表後七十年を経過するまでに実名または周知の変名を著作者名として表示してその著作物を公表した場合。たとえば、初め無名で作品を公表したが、その後その作品に著作者として実名を表示して公表した場合です。もちろん公表後七十年を経過する前に実名または周知の変名を表示して公表されていなければなりません。

以上、(1)(2)(3)のいずれかにあてはまる場合には、著作者の死後七十年を経過するまでの間著作権は存続します。

※著作権は作品を創作した時から生じます。

◆参照条文（無名又は変名の著作物の保護期間）

著作権法第五十二条　一項　無名又は変名の著作物の著作権は、その著作物の公表後七十年を経過するまでの間、存続する。ただし、その存続期間の満了前にその著作者の死後七十年を経過していると認められる無名又は変名の著作物の著作権は、その著作者の死後七十年を経過したと認められる時において、消滅したものとする。

二項　前項の規定は、次の各号のいずれかに該当するときは、適用しない。

一号　変名の著作物における著作者の変名がその者のものとして周知のものであるとき。

二号　前項の期間内に第七十五条第一項の実名の登録があつたとき。

三号　著作者が前項の期間内にその実名又は周知の変名を著作者名として表示してその著作物を公表したとき。

四、会社やその他の団体の名称を著作者名として公表された作品の保護期間

株式会社○○であるとか公益社団法人○○、一般財団法人○○といった法人名や、知的創造物法学会といった法人格はありませんが団体名を著作者名として作品を公表すれば、その保護期間は公表後七十年を経過するまでということになります。もし、作品を公表しなかった場合は、その作品の創作後七十年を経過するまでとなります。しかし、真の著作者である個人（自然人）が公表後七十年を経過する前に、実名あるいは周知の変名を著作者名として表示してその作品を公表したときは、著作者の死後七十年を経過するまでの間が保護期間ということになります。（注三）ただし、著作権法第十五条の規定によって法人その他の使用者が著作者になる場合には、従業員（注四）である個人が実名で作品を公表したとしても死後七十年間保護されるということではありません。

著作権法第十五条二項の規定により法人その他の団体が著作者であるプログラムの著作物の保護期間は、たとえ従業員が個人名義で公表したとしても、その法人またはその他の団体が著作名義を有するとみなされ、公表後七十年経過するまでが保護期間になります。また、公表されなかった場合には創作後七十年が経過するまでが保護期間となります。

※著作権は作品を創作した時から生じます。

（注三）　105ページの「職務上作成した著作物の著作者は誰か」の項を参照。

（注四）　従業員のことを一般には社員と言っていますが、株式会社では社員は法律上株主を意味するので、あえて従業員と記載しました。

◆参照条文（団体名義の著作物の保護期間）

著作権法第五十三条　一項　法人その他の団体が著作の名義を有する著作物の著作権は、その著作物の公表後七十年（その著作物がその創作後七十年以内に公表されなかつたときは、その創作後七十年）を経過するまでの間、存続する。

二項　前項の規定は、法人その他の団体が著作の名義を有する著作物の著作者である個人が同項の期間内にその実名又は周知の変名を著作者名として表示してその著作物を公表したときは、適用しない。

三項　第十五条第二項の規定により法人その他の団体が著作者である著作物の著作権の存続期間に関しては、第一項の著作物に該当する著作物以外の著作物についても、当該団体が著作の名義を有するものとみなして同項の規定を適用する。

五、映画作品の保護期間

映画の著作物の保護期間はその映画の公表後七十年を経過するまでの間です。なお、その映画が公表されなかった場合には、その創作後七十年を経過するまでの間が保護期間となります。

映画の場合は、無名または変名、もしくは法人その他の団体名義で公表した後、仮に著作者である個人が実名で公表したとしても、保護期間は公表後（または創作後）七十年経過するまでの間です。

ところで右記の期間が経過すれば映画の著作権だけではなく、映画化された小説や脚本などの著作権も一緒に消滅することになりますが、これはその小説や脚本などをそのまま活字などで複製したり、出版したりする権利が消滅するのではなく、映画自体を複製したり、上映したりなどする権利が消滅するわけです（二次的著作物〔この場合は映画〕の利用についての原著作者〔小説などの原作者〕の権利についての規定である著作権法第二十八条、および二十一条、二十三条、二十六条を参照）。

※著作権は作品を創作した時から生じます。

◆参照条文（映画の著作物の保護期間）

著作権法第五十四条　一項　映画の著作物の著作権は、その著作物の公表後七十年（その著作物がその創作後七十年以内に公表されなかつたときは、その創作後七十年）を経過するまでの間、存続する。

二項　映画の著作物の著作権がその存続期間の満了により消滅したときは、当該映画の著作物の利用に関するその原著作物の著作権は、当該映画の著作物の著作権とともに消滅したものとする。

三項　前二条の規定は、映画の著作物の著作権については、適用しない。

六、写真の著作物

写真の著作物の保護期間は、著作者の死後七十年を経過するまでの間です。

また、無名または変名もしくは団体名義の場合には、その作品の公表後七十年を経過するまでの期間が保護期間です。

※著作権は作品を創作した時から生じます。

◆参照条文（保護期間の原則）
著作権法第五十一条　一項　著作権の存続期間は、著作物の創作の時に始まる。

七、新聞、雑誌、百科事典などの場合はいつが公表の時になるのか

無名または変名の著作物、法人その他の団体名義の著作物、映画の著作物、写真の著作物、これらが新聞、雑誌で公表されたり、連続テレビドラマで放送されたりした場合、公表の時はいつになるのかといった点について説明することにします。(注五)これによって、いつまで著作権保護されるかを計算することになります。(注六)

（1）継続して刊行される雑誌、新聞、写真集（定期刊行物または継続的刊行物）や毎回ストーリーが完結している連続テレビ番組用映画などは、毎冊、毎号、毎回の公表の時を基準として保護期間を計算することになります。たとえば、二〇一九年の六月一日に前述のドラマ第一回が放映されたとすれば、この放映があった年の翌年である二〇二〇年から数えて七十年が経過するまでの間が保護期間となります。つまり、作品を創作した時から二〇八九年一二月三一日まで著作権が存続することになるわけです。

（2）一部分ずつ逐次刊行される百科事典（逐次刊行物）などや毎回放送され最終

（注五）実名であるとか周知の変名（太宰治のような誰もが知っているペンネームなど）により作品を公表している場合には、著作者の死後七十年ということになりますから、間違えないようにしてください。

（注六）ここで述べているのは無名または変名の著作物、法人その他の団体名義の著作物、映画の著作物であって、継続して公表されるものや一部分ずつを逐次公表するものについてですから、この点注意してください。

回でストーリーが完結する連続テレビ番組用映画などの場合には、最後に公表された時を基準とします。たとえば、前述のドラマの最終回が二〇一九年六月一日であるとすれば、翌年から数えて七十年を経過するまでとなります。したがって作品を創作した時から二〇八九年一二月三一日まで著作権があります。

なお、続きの部分が前の公表の時から三年経っても公表されない時は、すでに公表されたもののうち最後に公表されたものについて、その公表の時から保護期間が計算されることになります。

たとえば、ある者が無名で小説を新聞に連載していた場合を想定しましょう。百回連載したところで作者がわけあって六年も経つのに続きを書かずにいたとすれば、その百回目の公表があった時を基準とすればいいわけです。

※著作権は作品を創作した時から生じます。

◆参照条文（継続的刊行物等の公表の時）

著作権法第五十六条　一項　第五十二条第一項、第五十三条第一項及び第五十四条第一項の公表の時は、冊、号又は回を追って公表する著作物については、毎冊、毎号又は毎回の公表の時によるものとし、一部分ずつを逐次公表して完成する著作物については、最終部分の公表の時によるものとする。

二項　一部分ずつを逐次公表して完成する著作物については、継続すべき部分が直近の公表の時から三年を経過しても公表されないときは、すでに公表されたもののうちの最終の部分をもつて前項の最終部分とみなす。

※具体的な保護期間の計算については、一および七の解説で挙げた例を参考にしてください。

参　考

文学的及び美術的著作物の保護に関するベルヌ条約(注七)の加盟国である外国を本国とする著作物であって、その本国による著作権の保護期間がわが国の著作権法の保護期間より短い場合には、その短い期間を保護期間とします。ただし、日本国民の著作物である場合には死後七十年ということになります(著作権法第五十八条)。

例　モナコ(Monaco)、モロッコ(Morocco)、ウルグアイ(Uruguay)など多くの国ではまだ著作権の保護期間が著作者の死後五十年となっています。

(注七)　一八八六年に成立した著作権に関する最初の条約。

たとえば、イギリス人が最初にモナコで作品を発行した場合、その作品はモナコを本国とすることになります。さらにそのイギリス人が日本で同じ作品を発行した場合、日本とモナコどちらの国の保護期間が適用されるのかというと、モナコの保護期間が適用され死後五十年ということになります。ところが日本人が作品をモナコで最初に発行した場合、その作品はモナコを本国とする著作物となりますが、日本においては、その日本人の死後七十年を経過するまでの期間を保護期間とします。

◆参照条文（保護期間の特例）

著作権法第五十八条　文学的及び美術的著作物の保護に関するベルヌ条約により創設された国際同盟の加盟国、著作権に関する世界知的所有権機関条約の締約国又は世界貿易機関の加盟国である外国をそれぞれ文学的及び美術的著作物の保護に関するベルヌ条約、著作権に関する世界知的所有権機関条約又は世界貿易機関を設立するマラケシュ協定の規定に基づいて本国とする著作物（第六条第一号に該当するものを除く。）で、その本国において定められる著作権の存続期間が第五十一条から第五十四条までに定める著作権の存続期間より短いものについては、その本国において定められる著作権の存続期間による。

第2節　著作権の基本

③ 職務上作成した著作物の著作者は誰か

記者が新聞や雑誌のために記事を書き、新聞社など使用者名を著作者名義として公表する場合には、その記事は新聞社などの使用者が著作者となります。ただし、勤務規則等に記者個人が著作者になる旨の特約があれば、著作者はその記者個人となります。

国家や会社などの使用者が、その従業員等が職務上作成した著作物を、自己の名を著作者として公表した場合には、その著作物の著作者は使用者(注一)ということになります。会社がある著作物を作成することを企画し、従業員がこれに基づいて、任務としてその著作物を作成し、著作物に、著作者名として著作者○○会社というように、使用者である会社の名を付して公表する場合には、その著作物の著作者は使用者である会社ということになります。しかし、勤務規則や契約などに著作者は従業員個人とするといった内容の特約があれば著作物を作成した従業員が著作者です。なお、職務上作成した著作物であって使用者名義ということですから、大学教官が公表する論文や著書、あるいは、広告会社に努めるイラストレーターが趣味で

(注一)　著作権者ではなく著作者であることに注意してください。

描く絵画などについては、それらの著作者は各々、大学教官であり、イラストレーターであることはいうまでもありません。

ところで、プログラムの著作物の場合は、使用者名を著作者として公表しなくても、その使用者が著作者となります。もちろん、前述したところと同様の特約があれば、その従業員が著作者となります。

◆**参照条文（職務上作成する著作物の著作者）**

著作権法第十五条　一項　法人その他使用者（以下この条において「法人等」という。）の発意に基づきその法人等の業務に従事する者が職務上作成する著作物（プログラムの著作物を除く。）で、その法人等が自己の著作の名義の下に公表するものの著作者は、その作成の時における契約、勤務規則その他に別段の定めがない限り、その法人等とする。

二項　法人等の発意に基づきその法人等の業務に従事する者が職務上作成するプログラムの著作物の著作者は、その作成の時における契約、勤務規則その他に別段の定めがない限り、その法人等とする。

第2節　著作権の基本

④ 著作権は他人に譲ることができる

著作権者は他人に著作権の全部または一部を譲渡することができます。

一、契約による著作権の譲渡とは

著作権は契約によって他人に譲渡することができます。いわゆる買い取り契約（注一）（独占的許諾契約ではありません）が、その代表的なものの一つです。

譲渡人である著作権者と譲受人である相手方との間で契約がなされますが、これら当事者の合意だけで契約は成立します。これを諾成契約といいます。もちろん、いかなる方式も必要としません（注二）。また、著作権をすべて相手方に譲渡するのではなく、その一部だけを譲渡するものであってもかまいません。

著作権を一部だけ譲渡する場合にはつぎのような譲渡ができます。

（1）公衆送信権だけを譲渡するというように著作権のうちどれか一種類の権利だけを譲渡することができます。

（2）一年間だけ譲渡するといったように期間を定めて譲渡することができます。

（3）日本国内において上演権を譲渡するというように地域を基準として譲渡す

（注一）　漫画やイラストレーションの世界では、著作権譲渡の意味でよく使われます。ただ、原稿の買い取りだけを意味する契約もあるので、注意が必要です。

（注二）　たとえば、婚姻が成立するためには戸籍法による届け出をしなければなりませんし（民法第七百三十九条）、社団法人設立者は定款の作成をしなければいけません（民法第三十六条）が（これを要式行為といいます）、これに対して著作権の譲渡はなんら方式を必要としないわけです。これを不要式行為といいます。

ることができます。

二、著作権を譲渡したときの登録とは

著作権を譲渡した場合には文化庁にその旨を登録しておいたほうが良いでしょう。前述したように、別に登録しなくても譲渡できることはいうまでもありませんが、登録をしておかなければ、第三者に譲渡があったということを主張することができません。たとえば、著作権者が著作権を二重譲渡した場合を考えますと、登録しておいた者がその著作権を譲り受けることができ、登録をしていない者は、たとえその著作権者から譲渡を受けたと主張しても対抗することができないわけです。

三、譲渡された著作権の範囲

小説家が「著作権を譲渡する」と出版社との間で契約したとしても、出版社はその小説を映画化して利用することはできません。すなわち、「映画化権、翻訳権その他翻案する権利を含めて著作権を譲渡する」といったような事柄が明記されていない限り、翻訳権、編曲権、変形権、脚色する権利、映画化権、翻案権（以上著作権法第二十七条参照）および二次的著作物の利用権（著作権法第二十八条）は譲渡されていないものと推定されます。推定ですからもちろん、事実はそうではないと立証できればくつがえすことができます。(注三)

（注三）　推定（専門語）については、114ページの脚注を参照。なお、著作権法第二十九条参照。また、著作権法第二十七条の翻案権等が譲渡された場合には、その著作者は同一性保持権の行使が制限されることになります。

また、新聞や雑誌などの作品募集の記事を見ていますと、「応募作品について、著作権は当社に帰属します」などと書かれてあるものをよく見かけますが、この場合の著作権には前述したように翻案権等は含まれていないと一応考えられます。

◆**参照条文（著作権の譲渡）**

著作権法第六十一条　一項　著作権は、その全部又は一部を譲渡することができる。

二項　著作権を譲渡する契約において、第二十七条又は第二十八条に規定する権利が譲渡の目的として特掲されていないときは、これらの権利は、譲渡した者に留保されたものと推定する。

⑤ 著作権は相続することができる

著作権は財産権ですから相続することができますが、相続人等がいない場合には消滅します。

著作権を相続した場合は、譲渡のときと違って、第三者に対抗するための登録は必要ありません（第２章第２節④「著作権は他人に譲ることができる」の解説二を参照）。もし、相続人や被相続人と生計を同じくしていた者やその療養看護に努めた者など特別の縁故があった者等がいなかったりした場合には（民法第九百五十八条の三、九百五十九条）、その著作権は消滅します。（注一）

◆参照条文（相続人の不存在の場合等における著作権の消滅）

著作権法第六十二条　一項　著作権は、次に掲げる場合には、消滅する。

一号　著作権者が死亡した場合において、その著作権が民法（明治二十九年法律第八十九号）第九百五十九条（残余財産の国庫への帰属）の規定により国庫に帰属すべきこととなるとき。

（注一）　著作権が消滅すれば、誰でもその著作物を自由に複製したりすることができます。

第2節　著作権の基本

⑥ 著作権が消滅する時は、どのような場合か？

相続人がいない場合や保護期間の満了などによって著作権は消滅します。

著作権が消滅する場合としては、(1)保護期間の満了、(2)相続人がいないとき（民法第九百五十九条）、(3)著作権者である法人が解散した場合であって財産が国庫に帰属することになるとき（民法第七十二条三項）があります（注一）。映画の著作物の著作権が消滅した場合には、その原著作物（原作）である脚本や小説の著作権は、当該映画の利用についてのみ、消滅します（注二）。

◆参照条文（相続人の不存在の場合等における著作権の消滅）
著作権法六十二条　一項　著作権は、次に掲げる場合には、消滅する。
一号　著作権者が死亡した場合において、その著作権が民法（明治二十九年法律第八十九号）第九百五十九条（残余財産の国庫への帰属）の規定により国庫に帰属すべきこととなるとき。

（注一）　著作権が消滅するということは、著作権が存在しなくなるということですから、その作品を利用しても著作権侵害にはならないということは言うまでもありません。しかし、むやみやたらに、これを改変するなど著作者の人格的な利益を害することは、できません。

（注二）　第2章第2節②「著作権の保護期間は何年か」の「五、映画作品の保護期間」の項を参照（99ページ）。第五十四条第二項の規定は、映画の著作物の著作権が前項の規定により消滅した場合について適用する。

第3節　著作者人格権のこと

① 著作者人格権は著作者だけがもてる権利である

著作者は、他人に譲渡することができない権利である、著作者人格権をもっています。

著作者人格権と呼ばれる権利には、「公表権（著作権法第十八条）、氏名表示権（第十九条）、同一性保持権（第二十条）」といった権利があります（これらの権利については各項目をご覧ください）。これらの権利は人格権ですから、著作者だけがもち、他人に譲渡することができません。この点、他人に譲渡することができる財産権としての著作権とは異なります。

※よく、著作権を譲渡する契約をし（注一）た（注二）から、その作品に手を加えてどう使おうと勝手だと思っている人がいますが、これは間違いです。

◆参照条文（著作者人格権の一身専属性）
著作権法第五十九条　著作者人格権は、著作者の一身に専属し、譲渡することができない。

（注一）　著作者が同意している場合や法律で認めている場合（第十九条二項、第二十条二項）には、当然のことですが、侵害にはなりません。しかし、公表権については著作権法第十八条二項は「同意したものと推定する」とありますから注意が必要です。「推定」については、114ページの脚注参照。

（注二）　たとえば、他人が描いた女性の肖像画について著作権を取得したからといって、その他人（著作者）に無断で、肖像画にひげを付けて複製したりすることは著作者人格権（この場合、同一性保持権）の侵害になります。

第3節　著作者人格権のこと

②著作物を公表するかどうかを決定する権利

自分の作品を公表するかしないかは著作者の自由です。

これは公表権といわれる権利で、著作者人格権の一つです（著作権法第十八条）。未だ公表されていない作品を他人が無断で公表した場合には、著作者のもつ公表権の侵害となります。つぎの場合には、著作者と相手方とのあいだで別に取り決めがない場合、あるいは、反対の証明ができない場合には、著作者は、「その作品を公表してもいい」と同意を与えたものと一応みられます（推定する）。

一、**著作権を譲渡した場合**（著作権法第十八条二項一号）

たとえば、小説家が自分の作品である小説の著作権を他人に譲った（注一）場合、その小説を公表してもいいですよといった同意を、その他人に与えたものと考えられます。

二、**絵や写真の原作品自体を譲渡した場合**（著作権法第十八条二項二号）

この場合は、原作品を展示することについて同意したものと考えられます。です

（注一）　著作権の譲渡であって、作品自体を譲渡する場合ではありません。

から、画家から絵を購入した人は、その絵を展示することができるわけです。

三、映画の著作権をその映画製作者が有することとなった場合（著作権法第十八条二項三号、二十九条）

映画の著作者はその映画を公衆に公表することについて同意したものと考えられます。

◆参照条文（公表権）

著作権法第十八条　一項　著作者は、その著作物でまだ公表されていないもの（その同意を得ないで公表された著作物を含む。以下この条において同じ。）を公衆に提供し、又は提示する権利を有する。当該著作物を原著作物とする二次的著作物についても、同様とする。

二項　著作者は、次の各号に掲げる場合には、当該各号に掲げる行為について同意したものと推定する。（注二）

一号　その著作物でまだ公表されていないものの著作権を譲渡した場合当該著作物をその著作権の行使により公衆に提供し、又は提示すること。

二号　その美術の著作物又は写真の著作物でまだ公表されていないものの原作品を譲渡した場合

これらの著作物をその原作品による展示の方法で公衆に提示すること。

三号　第二十九条の規定によりその映画の著作物の著作権が映画製作者に帰属した場合

当該著作物をその著作権の行使により公衆に提供し、又は提示すること。

（注二）「推定」するというのは、法律が、ある事実について、こうであろうと判断することをいいます。もちろん、これが事実に反する場合には、そのことを証明すれば、これを覆すことができます。また、当事者の間で法律の規定とは違う内容の取り決めをしていれば、それによることになります。

③ 作品に著作者の氏名を表示する権利について

著作者は自分の作品に氏名や筆名等を付けるかどうか自由に決められます。

一、著作者は自分の作品に著作者名として本名を記しても、雅号や筆名（ペンネーム）といった変名を記してもかまいません。たとえば、太宰治の本名は津島修司ですが、筆名である太宰治という名前で自己の作品を公表しています。

二、作品に、本名であろうが変名であろうが、著作者名を記したくなければ、著作者はそれを記さなくてもかまいません。

三、著作者名を付するものは、原作品であっても、本の奥付であってもかまいません。画家が自分の描いた絵にサインしたり、あるいは、小説家が手書きの原稿を印刷、出版する場合に、その本に自己の名前を印刷するような場合です。

四、著作者名は法人名であっても、国などの機関の名称であってもかまいません。フランス語で書かれた原作を他人が日本語に翻訳したもの（これを二次的著作物（注一）といいます）などについても、原作者は自分の氏名を表示する権利をもつことになります。

（注一）　二次的著作物とは、原作である小説を脚本化した場合の脚本や彫刻をキャンバスに描いた場合の絵画、編曲、翻訳などをいいます。著作権法第二条一項十一号。
ですから、『ああ無情』ビクトル・ユーゴー原作、黒岩涙香翻案といった具合に、翻案者、訳者だけではなく、原作者も記載しなければなりません。

氏名表示権の侵害にあたるとされた事例（注二）

会社員出身の私立大学教授であった被告Y_1の指導を受けた大学院生被告Y_2との共著となる論説につき、原告Xは、当該論説中の各表現はXが学会誌に載せた論説の各表現とほぼ同一であり誤字まで同一であるから、Y_1らがX論文に依拠したことは明らかであるにもかかわらず、Xの氏名が表示されておらず氏名表示権の侵害であると主張しこれが認められた事例。

（注二）　なお、Xの著作権は学会側に譲渡しており著作権侵害は認められなかった（第一審：東京地方裁判所平成二六年（ワ）第七五二七号、第二審：知的財産高等裁判所平成二七年（ネ）第一〇〇六四号、同第一〇〇七八号）。

◆参照条文（氏名表示権）

著作権法第十九条　一項　著作者は、その著作物の原作品に、又はその著作物の公衆への提供若しくは提示に際し、その実名若しくは変名を著作者名として表示し、又は著作者名を表示しないこととする権利を有する。その著作物を原著作物とする二次的著作物の公衆への提供又は提示に際しての原著作物の著作者名の表示についても、同様とする。

二項　著作物を利用する者は、その著作者の別段の意思表示がない限り、その著作物につきすでに著作者が表示しているところに従つて著作者名を表示することができる。

三項　著作者名の表示は、著作物の利用の目的及び態様に照らし著作者が創作者であることを主張する利益を害するおそれがないと認められるときは、公正な慣行に反しない限り、省略することができる。

第3節　著作者人格権のこと

④自分の作品に勝手に手を加えられない権利

画家や小説家などの著作者は、絵画や小説といった自分の作品やその題号を勝手に変えられたり、削除されたりしない権利をもっています。

著作者は、自己の作品やその題号(注一)を勝手に変更、切除など改変されない権利をもっています。これを同一性保持権といいます(注二)。これは、氏名表示権や公表権のように、著作者人格権の一つですが、つぎの四つの場合には、この権利を主張することができません。

一、教科書や学校教育番組の放送などに作品を使用する場合であって、学校教育の目的からする、やむを得ない、用字や用語の変更など(著作権法第二十条二項一号)。

二、建築物の修繕や増改築の場合(著作権法第二十条二項二号)。

三、ある一定の機種のコンピュータにしか利用できないプログラムを他の機種のコンピュータにも利用できるように修正したりする場合や、バージョン・アップの場合など(著作権法第二十条二項三号)。

(注一)　なお、題号(タイトル)のように短いものは、通常、創作性がなく、それだけでは著作物ではないとされています。ただし、不正競争防止法により保護される場合があります。

(注二)　著作権法第二十七条の翻案権等を譲渡したときは、その限りにおいて同一性保持権を主張することができないと考えられます。

四、著作物の性質やその利用の目的、態様に基づいて判断してやむを得ないとみられる改変（著作権法第二十条二項四号）。

以上が、同一性保持権の侵害とならない場合ですが、とくに第四号(注三)については問題がありますから、ここでもう少し詳しく説明することにしましょう。

著作物の性質やその利用の目的、態様に基づいて判断してやむを得ないとみられる改変にはどのようなものがあるのか具体的に見ると、たとえば、イラストレーションや絵画などを印刷して本にしたいが印刷技術の関係で若干原画とは違った色彩になるような場合や、歌手や演奏家の個性のために同じ歌や曲でも雰囲気が変わるといったような場合があてはまります。

また、第四号が問題となる判例としては、「モンタージュ写真（パロディ）事件」（昭和五一年（オ）第九二三号、最高裁昭和五五年三月二八日第三小法廷判決）があります(注四)（内容については次ページの判例を参照してください）。

ところで、同一性保持権は絵画や小説などの作品そのものだけではなく、その題名を勝手に変えてはいけないということをも内容としています。ですから、『風と共に去りぬ』という題名の映画をテレビで放映する場合に、テレビ局がことわりなくその題名を変更することは、それについての慣習や契約がない限り許されないことになります。

（注三）　佐藤薫「著作権法第二〇条二項四号の解釈と表現の自由」著作権研究第一七巻一一一頁から一四四頁。著作権法学会（有斐閣）。

（注四）　この事件は旧法時代のものなので、現行法に置き換えてみても興味深い判例であるといえます。

◆著作者人格権が問題となった判例

◉モンタージュ写真事件（最高裁昭和五五年三月二八日第三小法廷判決、昭和五一年（オ）第九二三号、判例時報九六七号四五頁以下）

参照条文は、旧法時代のものであるので、現行法では、著作権法第二十条二項四号。ただし、この事件は、著作権侵害も問題となっている。

内容については、第1章第3節③「パロディを制作するとき」（75ページ）を参照のこと。

◉パンフレット事件（東京地裁昭和四八年七月二七日判決、昭和四七年（ワ）第七七三六号、無体財産権関係民事・行政裁判例集五巻二号二四三頁以下。参照条文：著作権法第二十条二項四号）

どういう事件か

広告会社Yは、Aから注文を受けたため、イラストレーターXに、シーサイド・レジャー用の機械器具の販売等の広告宣伝用のパンフレットに使用するイラストレーション（以下「本件イラストレーション」と記します）を描くように依頼した。Xは、本件イラストレーションを作成するにあたって、パンフレットの素材として広告用の写真や文言の提供を受け、さらに、Y社の社員の指示を受けたり、表示すべき機器などについて協議をしたりした。ところが、本件イラストレーションが完成し、Yに渡したところ、Aから、海の色が激しすぎて気に入らないとか、海水淡水化装置が表示されていないといった苦情が出たために、印刷の時期が迫っていたので、Xの承諾をとらずに、つぎのような改変を加えて、印刷し、パンフレットを作成してしまった。

（1）ポスターカラーで海の色を一様に塗り重ねた。
（2）海水淡水化装置を付け加えた。
（3）定期船や草の色などを塗り替えた。
（4）海中展望塔などを描き替えた。

以上のような改変を加えられたためにXは、同一性保持権を侵害するものであり、得意先から本当にXの作品なのかどうか疑われたりして、イラストレーターとしての信用を失墜させるものであるとして、Yに対して百万円の支払いを求めた。Yは、Xから明示または黙示により改変してもよいという承諾を得ていること、急を要する場合には改変を加えてもよいという慣習があること、さらに、著作権法第二十条二項三号（現在は、四号）にいう「やむを得ない」場合にあたるから、侵害にならないと主張した。

裁判所はどう言っているか

東京地方裁判所は、Yの主張はすべて認められないので、当該改変行為は、Xが本件イラストレーションについてもっている同一性保持権を侵害するものであるから、YはXに対して二十五万円支払え、との判決を下した。

◆参照条文（同一性保持権）

著作権法第二十条　一項　著作者は、その著作物及びその題号の同一性を保持する権利を有し、その意に反してこれらの変更、切除その他の改変を受けないものとする。

二項　前項の規定は、次の各号のいずれかに該当する改変については、適用しない。

一号　第三十三条第一項（同条第四項において準用する場合を含む。）、第三十三条の二第一項又は第三十四条第一項の規定により著作物を利用する場合における用字又は用語の変更その他の改変で、学校教育の目的上やむを得ないと認められるもの。

二号　建築物の増築、改築、修繕又は模様替えによる改変。

三号　特定の電子計算機においては実行し得ないプログラムの著作物を当該電子計算機において実行し得るようにするため、又はプログラムの著作物を電子計算機においてより効果的に実行し得るようにするために必要な改変。

四号　前三号に掲げるもののほか、著作物の性質並びにその利用の目的及び態様に照らしやむを得ないと認められる改変。

第3節　著作者人格権のこと

⑤ 著作者人格権の存続期間

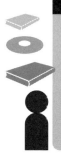

同一性保持権などの著作者人格権は著作者の死後は、その配偶者、子、父母、孫、祖父母又は兄弟姉妹の生存している間、存続すると考えられています。

著作者人格権（公表権、氏名表示権、同一性保持権）は永久に存続する権利であると説明する書物を見かけますが、期限があるものと考えます。

そこで存続期間についてですが、著作者が生存している間、存続していることはいうまでもありません。

ではつぎに著作者の死後はどうなるのかということになります。

著作権法第百十六条一項から、著作者の配偶者、子、父母、孫、祖父母又は兄弟姉妹が生存している間、著作者人格権が存続すると考えられています（注一）。

遺族は差止請求をしたり、名誉等を回復するための措置を請求したりすることができます。損害賠償請求については、不法行為にあたる場合であれば民法により認められます（第2章第3節⑥「著作者が亡くなった後の著作者人格権」を参照）。

ところで、刑事上の責任を問う場合に関しては、著作権法は期間を限定しており

（注一）　半田正夫『著作権法概説』一粒社、一三六頁。半田教授は、「著作者人格権の存続期間が著作権の保護期間と一致しない場合が常態である」とされ、「著作権の消滅後も著作者人格権が存続するということもありうる」とされていることから、著作権法第百十六条一項の遺族が生存している間、著作者人格権が存続すると考えられているものといえます。

ません（第百十九条一号）。ですから、前述の遺族が亡くなっても刑事罰が科せられることがあるわけです。

これは著作者人格権が存続しているのではなく、文化の発展に寄与すること、という著作権法の目的から規定されたものであると考えます(注二)（なお、前掲の半田正夫『著作権法概説』一三六頁を参照）。

なお、筆者は、著作者人格権の存続期間については、著作者の死亡と同時に消滅するものと考えます。なぜなら、著作権法は、著作者人格権は著作者の一身に専属すると規定し（第五十九条）、さらに「著作者が存していたとしたならばその著作者人格権の侵害となるべき行為をしてはならない」（第六十条）と表現し、また、遺族が名誉等の回復措置を請求する場合の相手方について、「著作者人格権又は実演家人格権を侵害する行為又は第六十条若しくは第百一条の三の規定に違反する行為をした者」（第百十六条）という表現をしているからです。

以上のことから、著作者の死後においては、民事に関しては、行使上の一身専属権としての、著作者人格権ではない、新たな利益としての著作者死亡後の利益が生じるものと考えます。さらに刑事に関しては、永久に刑罰権が国家に存続することになります。

（注二）　刑事罰に関する規定の考え方については、半田正夫教授と同趣旨です。半田教授は「著作物の完全性維持という公益上の目的」という表現をされていますが、究極的には、著作権法のいう文化の発展に寄与することを意味しているものと思われます。

第3節　著作者人格権のこと

⑥ 著作者が亡くなった後の著作者人格権

著作者が亡くなった後であっても、その作品を利用する人は、著作者が生存していたならば著作者人格権の侵害となるような行為をしてはいけません。

著作者の遺族（妻または夫、子供、母・父、孫、祖父母、兄弟姉妹）は、侵害行為をやめさせたり、名誉や声望を取り戻すための請求をすることができます。

一、著作者が亡くなった後であっても、その作品（著作物）を利用する人は、公表権（著作権法第十八条）、氏名表示権（著作権法第十九条）、同一性保持権（著作権法第二十条）を侵害するようなことをしてはいけませんし、また、著作者の名誉や声望を害するようなこと（著作権法第百十三条三項）もしてはいけません。

ただし、行為の性質、程度、社会的事情の変動その他の事柄によって、その行為が著作者の意を害さないとみられる場合にはかまいません。とはいっても、たとえば、宮沢賢治の作品をその名を表示しないで出すことなどは認められません。（注一）

遺族は、著作者人格権を侵害している者や侵害しようとしている者に対して差し止め請求をすることができます（著作権法第百十二条）。また、わざと（故意）あるい

（注一）　たとえば、宮沢賢治の死後七十年以上経ったので著作権がないからといって、宮沢賢治という名を表示しないでその作品を出版したり、作品の題名を変えて出版したりすることなどはできないということです。また、絵画の場合であれば、その絵に手を加えてひげを付けたり、色を変えたりすることなどできません。

は不注意によって著作者人格権を侵害した者に対しては、名誉や声望を取り戻すための請求をすることができます（著作権法第百十五条）。また、遺族自身の法的利益が侵害された場合には、民法の不法行為となり損害賠償を請求することができます。

これに関するものとして、民家素描画暖簾利用事件（東京地裁平成二年（ワ）第一五〇〇〇号、平成四年一一月二五日判決。判例時報一四六七号一一六頁）があります。被告が、素描画として主に民家を描いてきた画家、故佐藤章の著作物（原告絵画（一）、（二））を改変し、かつその署名を削除して、自己の暖簾に複製したことにつき、原告絵画（一）および（二）の著作権を相続した原告である長男（佐藤徹）に慰謝料を支払うよう命じたものです。（注二）

裁判所が原告の慰謝料請求を認めたのは、原告がかつて父佐藤章と同行して絵を描く対象となる場所を探したり、写生旅行に同行したりして世話をしていたこと、父の作品を絵はがき等に複製して販売していたこと、被告の商品（暖簾）を見て素描画の美しさがまったく表現されていないので非常なショックを受けたことなどから、原告は単に相続人であるというだけでなく、父の作品の創作、頒布に深くかかわって同人の作品にひとしおの愛着を有しているとみられ、原告が受けた精神的苦痛は大きいと判断されたからです。

二、ここでいう遺族とは、配偶者（妻または夫）、子供、母・父、孫、祖父母、兄弟姉

（注二）　この事件は原告の精神的苦痛に対する損害賠償だけでなく、著作権侵害に対する損害賠償についても触れています。ここで裁判所が、被告絵画（一）、（二）が原告絵画（一）、（二）の複製であると判断した理由について付記しておきます。つまり、原告絵画（一）と被告絵画（一）、原告絵画（二）と被告絵画（二）は、それぞれ、若干の相違はあるが、同一の対象物を同じ角度から同じ構図で写実的に描いたものであり、表現内容の中心ともいうべき建物やその近傍の樹木、畑の状況は、窓の開閉状況や道具類の位置等写生の時期が違えば変化しているはずの細部にいたるまで一致しており、被告の取締役が当該暖簾の下絵を製作するように注文したときのデザイナーは、写生等の現地調査を行わず、同取締役から提供された資料

妹をいいます。そして、この順番によって、侵害者に対する請求が認められるのです。ただし、この順位は著作者の遺言によって変えることができます。たとえば、息子は法学部を出ているから妻よりも頼りになると思えば、その子を先順位者として遺言に記載すればよいのです。

また、著作者は、侵害者に対して請求する者を、遺族ではなく、他の者に指定することができます。つまり著作権の保護団体や信頼できる旧友といった者を指定したりすることができるのです。そして、この場合の請求期間は著作者の死後七十年ですが、七十年経た時、著作者の遺族が生きていればその遺族が亡くなるまでの期間となります。

参考―遺言の書き方（民法第九百六十条以下参照）

遺言は満十五歳以上の者ならば誰でもすることができます。ただし、遺言は民法が規定する方式に従わなければ無効となります（ただし、民法第九百七十一条）。

遺言の方式には、普通方式（民法第九百六十七条～九百七十条）と特別方式（民法第九百七十六条～九百七十九条）がありますが、特別方式は病気や船が沈みかけていて死亡する危険が間近に迫っている場合の方式ですから、ここでは普通方式のなかの比較的に簡単な自筆証書による遺言の方式について説明することにします。これは遺言者が、遺言の全文、日付、氏名を自書して、印を押す方式です（民法第九百六十八条）。

や自ら調査した資料を参考にして、二週間程で被告絵画（一）および（二）を製作したことから、このデザイナーの参考資料の中には原告絵画（一）（二）の複製が含まれており、その主要な部分をほとんどそのまま自己の筆法で写すようにし、周辺部を変更して被告暖簾用の下絵を製作したものと推認することができるから、被告は原告の絵画に依拠して作出されたものであるといえ、したがって、原告絵画をそれぞれ複製し、一部改変を加えたものであると推認できるので、原告の複製権の侵害になる。

用紙はどのようなものでもよく、筆記具はボールペンでも万年筆でもよいのです。また、鉛筆で書いてもよいのですが、これは簡単に消すことができますから避けてください。遺言の文についてはどのような文でもかまいません。どういう内容のことが書かれてあるのかがはっきりわかればよいのです。

日付は年月日を記載しますが、「満八十歳の誕生日に」と記しても、遺言を作成した日がわかりさえすればよいと考えられています。しかし、きっちり年月日を書くようにしましょう。氏名については、その遺言書を書いた者が誰かがはっきりわかるのであれば、ペンネーム、あるいは氏だけや名だけでもよいと考えられているようですが、氏名を書くほうが無難です。印については、拇印でもよいとされています。また、認め印でもいいのですが、実印のほうがよいでしょう。

※必ず遺言者本人が自分の手で書くこと。全文が書かれてあっても、日付、氏名、印のどれか一つでも欠けていれば無効になりますから注意してください。

◆参照条文（著作者が存しなくなった後における人格的利益の保護）

著作権法第六十条　一項　著作物を公衆に提供し、又は提示する者は、その著作物の著作者が存しなくなつた後においても、著作者が存しているとしたならばその著作者人格権の侵害となるべき行為をしてはならない。ただし、その行為の性質及び程度、社会的事情の変動その他によりその行為が当該著作者の意を害しないと認められる場合は、この限りでない。

◆参照条文（著作者又は実演家の死後における人格的利益の保護のための措置）

著作権法百十六条　一項　著作者又は実演家の死後においては、その遺族（死亡した著作者又は実演家の配偶者、子、父母、孫、祖父母又は兄弟姉妹をいう。以下この条において同じ。）は、当該著作者又は実演家について第六十条又は第百一条の三の規定に違反する行為をする者又はするおそれがある者に対し第百十二条の請求を、故意又は過失により著作者人格権又は実演家人格権を侵害する行為又は第六十条若しくは第百一条の三の規定に違反する行為をした者に対し前条の請求をすることができる。

二項　前項の請求をすることができる遺族の順位は、同項に規定する順序とする。ただし、著作者又は実演家が遺言によりその順位を別に定めた場合は、その順序とする。

三項　著作者又は実演家は、遺言により、遺族に代えて第一項の請求をすることができる者を指定することができる。この場合において、その指定を受けた者は、当該著作者又は実演家の死亡の日の属する年の翌年から起算して七十年を経過した後（その経過する時に遺族が存する場合にあつては、その存しなくなつた後）においては、その請求をすることができない。

三島由紀夫の書簡事件

作家のF氏が、かつて自己宛に送られてきた故三島由紀夫氏の手紙とはがきを、無断で、F氏の実名小説「剣と寒紅」に掲載したことから、三島氏の遺族に訴えられたという事件がありました。

この事件では、まず、手紙は著作物か、つまり、手紙に著作権はあるのか、という点などが問題となっています。しかし、とくに興味深いのは、手紙を公表するには手紙を書いた本人（著作者）の同意を得なければならないのか、また、三島氏はもう亡くなっていることから、F氏の公表行為が著作権法第六十条ただし書きにある、行為の性質などからして「当該著作者の意を害しないと認められる場合」に当たるのか、という事柄についてそれぞれ触れられている点であるといえます。

まず、手紙が著作物になるのか、ということについては、手紙の文も思想や感情の表現といえますから、これを否定することはできません。また、手紙を書いた者には手紙を公表する（公衆に提供）かしないかを決定する権利がありますから、遺族の承諾を得ることなく当該小説を載せることには問題が生じるわけです。

もちろん、F氏にも表現の自由が保障されているとはいえ、他人の未公表の手紙をそのまま掲載することは、余程の理由がない限り許されるものではありません。前述の六十条ただし書きに照らしてみたとしても、「貴兄が小生から、かういふ警告を受けたといふことは極秘にして下さい。」という記述があることや、「三島由紀夫の文学性や品性等の評価を下げる」恐れがある、との裁判所の指摘からして、遺族の主張を認めた、当該判決は妥当であるといえます。

（注）東京地裁平成一〇年（ワ）第八七六一号、平成一一年一〇月一八日判決、判時一六九七号一一四頁。東京高裁平成一二年五月二三日判決、最高裁平成一二年一一月九日判決。

著作権の種類2　譲渡権、貸与権、頒布権

従来から、映画の著作物の複製物については、頒布権という権利を認めることで、これを販売したり、貸与（レンタルビデオ）したりする場合にはこの権利が働くことになり、流通過程において、頒布場所や期間といった事柄について権利者はコントロールすることが可能となっていました。

しかし、ＷＩＰＯ著作権条約（第六条）およびＷＩＰＯ実演・レコード条約（第八条、第十二条）（いずれも一九九六年一二月採択）が、映画の著作物以外についても、著作者（または、実演家、レコード製作者）は、販売したり、または、それ以外の所有権の移転によって、著作物（または、レコードに固定された実演、レコード）を原作品のまま、あるいは、その複製物を、公衆に提供する排他的権利を認めていることなどから、すべての著作物（映画の著作物を除く）について、映画の著作物の場合のような頒布権ではないのですが、譲渡権という権利を与えることとなりました。

譲渡権（著作権法第二十六条の二）は、原作品または複製物の譲渡により公衆に提供することをその内容としています。しかも、**頒布権**とは違って、譲渡権は、著作権者または、その許諾を得た者によって公衆に譲渡された場合には（たとえば、販売）、その後の譲渡については譲渡権が及ばないこととなり、このことは契約によってしても変更することはできません。さらにまた、**貸与権**が著作物の複製物だけを対象としているのとは異なり、譲渡権は著作物の原作品をもその対象としています。

なお、音楽ＣＤを貸与する場合には（レンタルＣＤ）、これは映画の著作物の複製物ではありませんから、貸与権が顔を出すことになります（著作権法第二十六条の三）。

第3章 著作物の利用

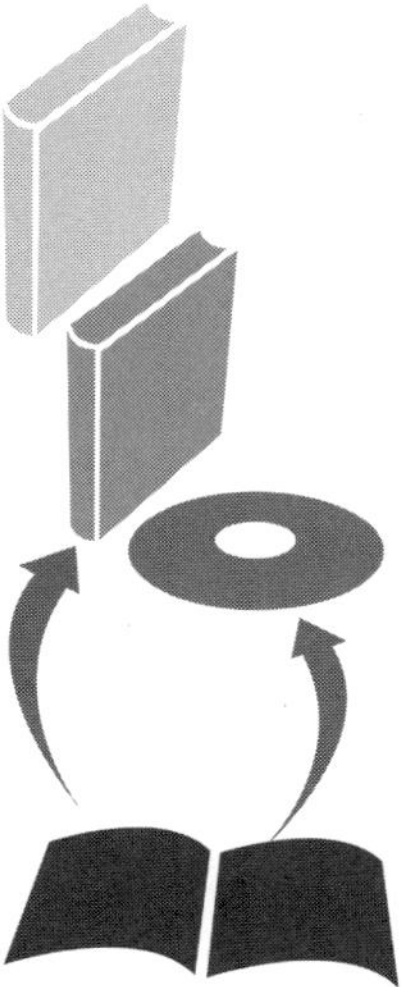

他人の作品を利用するには、当事者で許諾契約を締結して使う方法、著作権の譲渡を受ける方法、そして、著作権者が不明な場合には裁定を受けて利用する方法があります。

なお、裁定に関しては国や地方公共団体これらに準ずる法人は補償金の供託が不必要になりました。

このほか著作権は文化の発展に寄与することを目的としており、表現自体に財産権を与えているため、表現の自由など憲法上の権利と抵触することもあり得ます。

そのため引用や学校教育上の利用などでは著作権に一定の制限を設けて、著作権者に許諾を受けなくても利用できるという規定を設けています。とくに平成30年の改正では、昨今のデジタル化・ネットワーク化、教育の情報化を考慮し、また、図書館のアーカイブ重視、そして視覚障害者などの方々へのより充実した配慮に基づいた整備がなされました。

第1節　著作物の利用に関する契約

①他人の著作物を利用するにはどうしたらよいか

著作物を利用するには、著作権者から著作物の利用の許諾を得る方法、著作権の譲渡を受ける方法、出版権を設定する方法などがあります。

イラストレーターといったクリエイターは、描いた絵を自らが使用するということはしないで、他人に自分の絵を書物の表紙として印刷させたり、人形や文房具用品に利用させることで、その対価を得るというのが実情であるといえるでしょう。

ところで、こういった著作物の利用については、著作権者から著作物の利用の許諾を得る場合（著作権法第六十三条）、著作権の譲渡を受ける場合(注一)（著作権法第六十一条）、出版権を設定する場合(注二)（著作権法第七十九条）などがあります。しかし、著作権を譲渡すると著作権者でなくなるわけですし、出版権を設定すれば著作権者といえども同じものを他から出版することができなくなるわけです。ですから、一番目の利用許諾が一般的であるといえます。

著作物の利用許諾については前述のとおり著作権法第六十三条に規定されています。

（注一）　第2章第2節④「著作権は他人に譲ることができる」（107ページ）を参照。

（注二）　第4章第1節①「出版権とはどのような権利か」（230ページ）を参照。

本条一項は、「著作権者は、他人に対し、その著作物の利用を許諾することができる」と記載し、さらに同条二項において、「……許諾を得た者は、その許諾に係る利用方法及び条件の範囲内において、その許諾に係る著作物を利用することができる」と記載しています。ですから、その具体的な内容については、著作権者とその著作物を利用しようとする者との間の契約によって決定されることになります。

ただし、著作物の放送（有線放送も含む）についての許諾の場合は、その著作物の録音とか録画をするには、契約にその旨を記しておかなければなりません（著作権法第六十三条四項）。

◆被許諾者は著作物の利用権を取得します

著作物を利用しようとする者（以下「被許諾者」と記す）は、著作権者からその著作物の利用許諾を得ることにより、著作物の利用権という権利を取得することになります。この権利は、ただ、被許諾者が、許諾者である著作権者に対して、契約書に定められた内容の事柄を請求できるだけで、著作権者が勝手に第三者に同一著作物の利用を許諾しても文句が言えない性質のものです（単純許諾）。そこで、著作物を利用しようとする者がどうしても、独占的、排他的にその著作物を利用したいという場合には、著作権者は、契約書のなかにその旨の規定を盛り込むことができます。このような特約がある許諾を排他的許諾といいます。この場合にもし著作権者が第三者に同一著作物の利用許諾を与えたりすると、債務不履行として、被許諾者から、損害賠償責任を問われることになります。

◆利用権を譲渡するには

被許諾者は利用権という権利を取得することについて述べましたが、この利用権は、許諾者である著作権者の承諾を得ない限り、他人に譲渡することができません(注三)(著作権法第六十三条三項)。

◆無断で第三者が作品を使用していた場合

許諾契約の目的となっている作品(著作物)を第三者が無断で使用していた場合に、被許諾者や著作権者(許諾者)はどのような方法をとることができるかについて述べることにします。

一、被許諾者の場合

(1) 妨害排除請求ができるかどうかという点については、著作権の譲渡(著作権法第六十一条一項、第七十七条)を受けていないので(著作権法第百十二条)、被許諾者は、その第三者に対して妨害排除請求はできません(注四)。

(2) 損害賠償請求についてですが、著作権の譲渡を受けた場合(著作権法第百十四条)と違い、著作権法に規定がありません。しかし、その第三者に対して、不

(注三)　民法の考え方からすれば、利用権の譲渡というのは、当事者の間で譲渡しない旨の約束がない限り、承諾がなくても可能なのですが(民法第四百六十六条)、著作権者と被許諾者との関係を重んじて、著作権法はこれに一定の制限を設けたわけです。もちろん、著作権者の承諾があれば利用権を譲渡することができることはいうまでもありません。

(注四)　排他的許諾の場合には、被許諾者が著作権者に代わって自己の債権を保全するために、債権者代位権を行使することができるでしょう。ただし、これが許されるのは著作権者自らが権利を行使しない状態にあることを条件とします(民法第四百二十三条)。

法行為による損害賠償を請求することができると考えます（民法第七百九条）。

二、著作権者の場合

著作権者自身は、妨害排除および損害賠償のいずれも請求することができます（著作権法第十二条、第百十四条）。

◆著作物の利用許諾契約書の作成

口頭の約束でも契約は成立しますが、文書にしておかないと、後々もめごとが起こったときに言ったの言わないのと面倒なことになりますから、必ず契約書を作成しておくことを勧めます。契約書があれば、何か問題が生じたときに、こう書いてあるからこうだ、と言えますから、もし最悪の場合、つまり訴訟になってしまっても裁判所で立証することがたやすいわけです。また、契約書を交わしていれば、当事者の話し合いによってほとんど解決してしまいますから、訴訟になることも滅多にないといってもよいでしょう。

ところで、契約書を作成するにあたっては、別に決まった言葉遣いといったものがありませんから、自分の言葉ではっきりとわかりやすい文章で記載するようにしましょう。つまり、こういう内容の契約をしましたということが誰にでもわかる表現で書かれてあればよいわけですから、決して難しいことではありません。ただ、注意しなければならないことは、たとえ著作権者といえども著作権の乱用（法律学では濫用と記します）とみられるほどに無理難題を相手に押しつけるような内容の契約は制限されたり、社会一般の利益を損なう内容や道徳に反する内容である場合には契約が無効になるという点です（民法第九十条、独占禁止法第二十三条など）。

◆音楽著作物の利用

いままで述べたように、著作物を利用したい者は、直接、その著作権者と契約を締結するわけですが、これが、楽曲といった音楽の著作物の場合には、ほとんどの場合、その利用は、作曲家個人とではなく、日本音楽著作権協会（ＪＡＳＲＡＣ）との間で契約を締結することになります。ＪＡＳＲＡＣに信託していない作曲家や作詞家がいれば、直接その作曲家との契約ということになるのですが、大部分の楽曲はＪＡＳＲＡＣの管理のもとにあるといえます。

◆裁定によって著作物を利用することができる場合

著作権者が不明であるなどの理由で連絡が取れない場合や協議不成立で著作権者から著作物の使用について許諾が得られないといった場合には、文化庁長官の裁定を受けることで利用することができます。

一、裁定により他人の著作物を利用することができる場合

（1）利用したい著作物が公表されているが（または著作権者が公表したかどうかは

別として相当期間にわたって公衆に提供・提示されていることが明らかで、世間一般に広く行き渡っている著作物であれば）、著作権者が不明であったり、著作権者の居所がわからず、いくら努力しても著作権者と連絡が取れない場合には、文化庁長官の裁定を受けて、さらに文化庁長官が定めた額の補償金を供託することで、その著作物を利用することができます。この場合、その複製物には、裁定による複製物である旨および裁定のあった年月日を表示しなければなりません。

（2）放送事業者が、公表された著作物を放送するために、著作権者と協議したが許諾が得られなかったときや、著作権者に協議したいと申し入れたが応じてもらえなかったときには、文化庁長官の裁定を受けて、定められた額の補償金を著作権者に支払うことで、その著作物を放送することができます。

（3）日本国内で最初に販売されてから三年を経過した商業用レコード（注五）から音楽を録音して他の商業用レコードを製作しようとする者が著作権者と協議したが許諾が得られなかったときや、著作権者に協議したいと申し入れたが応じてもらえなかったときは、文化庁長官の裁定を受けて、定められた額の補償金を著作権者に支払うことで、録音をすることができます。（注六）

二、裁定を申請するときの手数料

前記一の（1）から（3）までの申請をするには一件あたり六千九百円の手数料を支払わなければなりません（著作権法施行令第十一条）。

（注五）　市販の目的で製作されるレコードの複製物をいいます（著作権法第二条一項七号）。

（注六）　海外で最初に販売されたものは裁定を受けることができません。また、著作権者の許諾を得て商業用レコードへ音楽を録音しているものでなければなりませんから、海賊版のレコードから音楽を録音することについては裁定を受けることはできません。なお、著作権法第六十九条参照。

申請書には各々つぎの事項を記載して、これを文化庁長官に提出します。

一の（1）の裁定を受けようとする場合の申請書（著作権法施行令第八条参照）

（1）申請者の氏名または名称。法人の場合は代表者の氏名。法人格のない社団や財団の場合にはその代表者または管理人の氏名。

（2）申請者の住所または居所。

（3）著作物の題号および著作者名。（注七）

（4）著作物の種類および内容または態様。

（5）著作物の利用方法。

（6）補償金の額の算定の基礎となる事項。

（7）著作権者と連絡することができない理由。

さらに、以上の事項を記載した申請書に一定の資料を添付しなければなりません。

（1）必要があるときは、当該著作物の態様を明らかにするための図面、写真などの資料。

（2）著作権者と連絡することができないことを疎明する資料。（注八）

（3）著作物が公表され、または相当期間にわたって公衆に提供・提示されている事実が明らかであることを疎明する資料。

（注七）　題号がないときや不明なときはその旨を記すこと。また、著作者名の表示がないときや不明なときはその旨を記すこと。

（注八）　疎明は証明より程度が低い場合に用います。一応そのように推測できるという状態を生じさせることをいいます。

一の(2)の裁定を受けようとする場合の申請書(著作権法施行令第九条参照)

(1)申請者の氏名または名称。法人の場合は代表者の氏名。法人格のない社団や財団の場合にはその代表者または管理人の氏名。

(2)申請者の住所または居所。

(3)著作物の題号および著作者名。

(4)著作物の種類および内容または態様。

(5)補償金の額の算定の基礎となる事項。

(6)著作権者の氏名または名称、および住所または居所。法人の場合は代表者の氏名。

(7)なぜ著作権者と協議が成立しないのか、または協議をすることができない理由。

当該申請書にはつぎの資料を添付しなければなりません。

(1)必要があるときは、当該著作物の態様を明らかにするための図面、写真などの資料。

(2)著作権者と協議が成立しないこと、または協議をすることができないことを疎明する資料。

(3)著作物が公表されていることを疎明する資料。

一の(3)の裁定を受けようとする場合の申請書(著作権法施行令第十条参照)

(1) 申請者の氏名または名称。法人の場合は代表者の氏名。法人格のない社団や財団の場合にはその代表者または管理人の氏名。

(2) 申請者の住所または居所。

(3) 著作物の題号および著作者名。

(4) 著作物の種類および内容または態様。

(5) 補償金の額の算定の基礎となる事項。

(6) 著作権者の氏名または名称、および住所または居所。法人の場合は代表者の氏名。

(7) なぜ著作権者と協議が成立しないのか、または協議をすることができない理由。

(8) 録音しようとする音楽が録音されている商業用レコードの名称。名称がないときや不明なときはその旨を記すこと。

当該申請書にはつぎの資料を添付しなければなりません。

(1) 著作権者と協議が成立しないこと、または協議をすることができないことを疎明する資料。

(2) 当該商業用レコードが最初に日本国内で販売されたことを疎明する資料。

（3）当該商業用レコードが販売された日から三年を経過していることを疎明する資料。

（4）当該商業用レコードへの音楽の録音が著作権者の許諾を得て行われたことを疎明する資料。

三、申請があったとき文化庁長官はどうするのか

（1）一の（2）または一の（3）の申請があったときは、文化庁長官はその旨を当該著作権者に通知して、相当の期間を指定して、意見を述べる機会を与えます。

（2）一の（1）から（3）まで、いずれかの申請があった場合、つぎのどれかに該当する事由があったときは、文化庁長官は裁定をすることができません。

（イ）著作者がその著作物の出版その他の利用を廃絶しようとしていることが明らかなとき。

（ロ）一の（2）の申請については、著作権者がその著作物の放送の許諾を与えないことについてやむを得ない事情があるとき。

文化庁長官は裁定をしない処分をしようとするときは、前もって、申請者にその理由を通知して、弁明や有利な証拠の提出の機会を与えなければなりません。そして、裁定をしない旨の処分をしたときには、理由を記載した書面をもって申請者に通知することになっています。通知を受けた申請者は、この処分が不服な場合に

は、行政不服審査法による異議申立てをすることができます。

文化庁長官は、一の(1)の裁定をしたときはその旨を官報で告示するとともに申請者に通知し、一の(2)または一の(3)の裁定をしたときは、その旨を当事者に通知することになっています。著作権者はこの裁定に対して行政不服審査法による異議申立てができます。

なお、裁定をした旨の通知をするときは、著作物の利用について定めた補償金の額をも通知することになっています。

◆参照条文
著作権法第六十七条から第七十四条まで。
著作権法施行令第八条から第十二条まで。

◆裁定利用に関する国等の特例（平成三〇年改正）

国または地方公共団体その他これらに準ずるものとして政令で定める法人が裁定を利用して連絡が取れない著作権者にかかる作品を利用するにあたっては補償金の供託は必要なくなりました（著作権法第六十七条二項）。

裁定申請中に（裁定または裁定をしない処分を受けるまでの間）利用する場合であっても担保金の供託は必要なくなりました（著作権法第六十七条の二　二項）。

いずれの場合であっても著作権者と連絡が取れるようになった場合には文化庁長官が定める額の補償金をその著作権者に支払わなければなりません。
なお、裁定申請中に著作物を利用していた国などは、裁定をしない処分を受けた後に著作権者と連絡が取れたときは、当該処分を受けた時までの間における文化庁長官が定める額の補償金をその著作権者に支払わなければなりません。

◆**参照条文（著作権者不明等の場合における著作物の利用）**

著作権法第六十七条　一項　公表された著作物又は相当期間にわたり公衆に提供され、若しくは提示されている事実が明らかである著作物は、著作権者の不明その他の理由により相当な努力を払つてもその著作権者と連絡することができない場合として政令で定める場合は、文化庁長官の裁定を受け、かつ、通常の使用料の額に相当するものとして文化庁長官が定める額の補償金を著作権者のために供託して、その裁定に係る利用方法により利用することができる。

二項　国、地方公共団体その他これらに準ずるものとして政令で定める法人（以下この項及び次条において「国等」という。）が前項の規定により著作物を利用しようとするときは、同項の規定にかかわらず、同項の規定による供託を要しない。この場合において、国等が著作権者と連絡をすることができるに至つたときは、同項の規定により文化庁長官が定める額の補償金を著作権者に支払わなければならない。（筆者注記…平成三〇年改正で新設）

四項　第一項の規定により作成した著作物の複製物には、同項の裁定に係る複製物である旨及びその裁定のあつた年月日を表示しなければならない。

◆参照条文（裁定申請中の著作物の利用）

著作権法第六十七条の二

二項　国等が前項の規定により著作物を利用しようとするときは、同項の規定にかかわらず、同項の規定による供託を要しない。（筆者注記…平成三〇年改正で新設）

六項　申請中利用者（国等に限る。）は、裁定をしない処分を受けた後に著作権者と連絡をすることができるに至つたときは、当該処分を受けた時までの間における第一項の規定による著作物の利用に係る使用料の額に相当するものとして文化庁長官が定める額の補償金を著作権者に支払わなければならない。

（筆者注記…平成三〇年改正で新設、平成三一年一月一日施行）

第2節　許諾がなくても著作物が利用できる場合と種類

① 自由に利用できる著作物がある

憲法や民法といった法律や、裁判所の判決などは自由に利用することができます。

誰もが自由に利用できる著作物にはつぎのものがあります。

一、憲法や民法などの法律や命令、条約、条例、規則など(外国の法令含む)。

二、官報などに掲載される告示。訓令や通達など(国や地方公共団体の機関が発するもの)。

三、裁判所の判決、決定、命令など。海難審判庁などの裁決や、特許庁などの裁定、決定など。

四、以上一~三に挙げたものを国または地方公共団体の機関が翻訳や編集したもの(国が作成した外国の法令の翻訳物も含みます。判例データベースなどは含みません)。

このほかにも著作権が消滅した著作物は自由に利用することができます。(注一) しかし、著作者が生きているとしたら著作者人格権の侵害となるような行為をしない

(注一)　著作権が消滅した著作物は公有(パブリック・ドメイン)となり、誰でも自由に利用することができます。

ように注意しなければなりません（著作権法第六十条）。

◆参照条文（権利の目的とならない著作物）

著作権法第十三条　次の各号のいずれかに該当する著作物は、この章の規定による権利の目的となることができない。

一号　憲法その他の法令。

二号　国若しくは地方公共団体の機関、独立行政法人（独立行政法人通則法〈平成十一年法律第百三号〉第二条第一項に規定する独立行政法人をいう。以下同じ。）又は地方独立行政法人（地方独立行政法人法（平成十五年法律第百十八号）第二条第一項に規定する地方独立行政法人をいう。以下同じ。）が発する告示、訓令、通達その他これらに類するもの。

三号　裁判所の判決、決定、命令及び審判並びに行政庁の裁決及び決定で裁判に準ずる手続により行われるもの。

四号　前三号に掲げるものの翻訳物及び編集物で、国若しくは地方公共団体の機関、独立行政法人又は地方独立行政法人が作成するもの。

第2節　許諾がなくても著作物が利用できる場合と種類

② 著作権者に無断で作品を利用できる場合

個人的に使用するために複製したり、報道、批評、研究などのために他の著作物を利用したりしても著作権侵害にはなりません。もちろん、保護期間の切れた著作物を複製することも自由です。

作品（著作物）を利用するには著作権者に許諾を得なければならないのですが、一定の場合には無断で利用することができます。

無断で利用できる場合には、大きく分けてつぎの三種類があります。

一、著作権法が条件付で認めている場合（著作権法第三十条～四十七条の二）。

二、著作権の保護期間が過ぎてしまっている場合。

三、著作権保護を受けることができない著作物である場合。

第2節　許諾がなくても著作物が利用できる場合と種類

③私的使用のための複製は認められる

個人的に、あるいは家庭内で、放送されている音楽をCDレコーダーに録音したり、習作として絵画をそっくりそのまま書き写す場合などは、著作権者の許諾はいりません。

一、レンタルビデオ店や公共施設に設置してあるダビング機器などを使ってDVD等を複製することはできません。たとえ私的な使用であっても、レンタルビデオ店などに設置してあるダビング機器を使って複製することなどは認められていません。これが、住民に使用させるために公共施設に設置している自動複製機器であっても認められません。ただし、複写機器などによる文書や図画の私的複製は当分の間認められています（著作権法附則第五条の二）。

※現在は映画のブルーレイディスクにはコピーガード（AACS）が施されています。

二、個人的に録画、録音したテープ等を売ってはいけません。

個人的に習作として描いた模倣画や、ラジオなどから録音したテープを他人に売ることは著作権侵害となります。

三、公表されていない作品（著作物）を利用してもよいのですが、勝手に公表すると著作者人格権の侵害になります。たとえば、公表していない絵画を私的に複写して、これを勝手に公表したりすれば、公表権の侵害となります。

家庭用のデジタル方式の録音機器や、専用のテープ、ディスクを購入する際、機器などの価格に合わせて、著作権者や実演家、レコード製作者といった権利者（外国の権利者も含まれます）に対する補償金を支払わなければなりません（注一）（著作権法第三十条二項、第百二条一項）。補償金支払いの対象となるデジタル機器や記録媒体には、CD－R／RW（コンパクト・ディスク・レコーダー）などのデジタル録音用機器およびCD－R（録音用光ディスク）などのデジタル録音用記録媒体、そしてブルーレイ（Blu-ray）などのデジタル録画用機器およびDVD-R/RW、Blu-ray Disc（BD）（録画用光ディスク）などのデジタル録画用記録媒体があります（注二）。

映画のDVDなどのコピーガードを外す行為や有料放送を権限なくスクランブル解除して視聴する行為は違法です。

VHS型のビデオに施されていたコピーガードの解除のみならず、DVD等に用いられているコピーガード（暗号型技術）を外すことも、たとえ私的利用であっても禁じられています（著作権法第二条一項二十号「技術的保護手段」、三十条一項二号

（注一）　私的録音に関して権利者のために補償金を受領等できる団体として、私的録音補償金管理協会（sarah）があります。
〒100-0013
東京都千代田区霞が関3-6-5　霞が関三丁目ビル
☎：03-6205-4701

（注二）　著作権法施行令第一条二項、第一条の二　二項参照。コピーガードの普及などに伴い録画に関する補償金管理団体は現在存在しません。

「回避」および第百二十条の二第一号。不正競争防止法第二条一項十一号）。また、ＷＯＷＯＷ、スカパーＪＳＡＴ、スター・チャンネルなどのように映画や音楽などを契約者に視聴させる放送を契約者以外の者が視聴できるようにする不正Ｂ－ＣＡＳカードのようなものを譲渡などすることも不正競争防止法により禁止されています（不正競争防止法第二条一項十二号）。

私的使用の目的であっても、有償の映像や音楽を違法に（著作権または著作隣接権侵害）インターネット上にアップロードされたものを、著作権または著作隣接権の侵害となることを知りながら、これを録画または録音して（受信して行うデジタル方式の録音又は録画）著作権または著作隣接権を侵害した者には刑罰が科せられます。

有償著作物等とは、著作権または著作隣接権を有する録音または録画された著作物としての作品や実演（実演は著作隣接権の対象）等であって、有償で公衆に提供されたり提示されたりしているものをいいます。たとえば、市販されている映像ＤＶＤ、ＢＤや音楽ＣＤ、アマゾンなどが有料でインターネットにより映画や音楽を配信している場合が該当します。適法であるかどうかの判断材料として、NexTone（旧ＪＲＣ事業本部）や日本音楽著作権協会（ＪＡＳＲＡＣ）の許諾番号やマークがあり、さらに日本レコード協会（ＲＩＡＪ）はレコード会社・映像製作会社が配信等を認めたコンテンツについてエルマークを表示するよう努めているので、これらを参考にするとよいでしょう（下図参照）。

左はJASRAC、右はエルマーク

◆参照条文（私的使用のための複製）

著作権法第三十条　一項　著作権の目的となつている著作物（以下この款において単に「著作物」という。）は、個人的に又は家庭内その他これに準ずる限られた範囲内において使用すること（以下「私的使用」という。）を目的とするときは、次に掲げる場合を除き、その使用する者が複製することができる。

二項　私的使用を目的として、デジタル方式の録音又は録画の機能を有する機器（放送の業務のための特別の性能その他の私的使用に通常供されない特別の性能を有するもの及び録音機能付きの電話機その他の本来の機能に附属する機能として録音又は録画の機能を有するものを除く。）であつて政令で定めるものにより、当該機器によるデジタル方式の録音又は録画の用に供される記録媒体であつて政令で定めるものに録音又は録画を行う者は、相当な額の補償金を著作権者に支払わなければならない。

◆参照条文（翻訳、翻案等による利用）

著作権法第四十七条の六　一項　次の各号に掲げる規定により著作物を利用することができる場合には、当該著作物について、当該規定の例により当該各号に定める方法による利用を行うことができる。

一号　第三十条第一項、第三十三条第一項（同条第四項において準用する場合を含む。）、第三十四条第一項、第三十五条第一項又は前条第二項　翻訳、編曲、変形又は翻案。

◆カメラやビデオに写り込んだ他人の作品

カメラやビデオ撮影機で街並みや風景を撮影した際、看板に描かれた絵や絵画が写り込んだ場合、あるいは、曲が流れていてそれが録音されてしまった場合において、その写真や動画に取り込まれた作品（付随対象著作物）を除去することが難しく（分離することが困難）、しかも、部分的に軽微であるとみられるときは著作権侵害にはなりません（当該創作に伴って複製することができる。著作権法第三十条の二　一項）。

他の作品が録音され、あるいは、写り込んだ前述の写真や動画などをウェブサイトに載せる場合も著作権侵害とはなりません（著作権法第三十条の二　二項）。ただし、いずれの場合であっても著作権者の利益を不当に害してはいけません。

また、営利目的か否かを問うていないので、不正競争防止法（第二条一項一号）の観点から、当該写真等に取り込まれた作品が存在したことで当該作品の創作者等と何らかの提携関係にあったと需要者において誤認されるという広義の混同が生じる可能性も予想されます。他の法律のことも加味して検討するようにしてください。

ある漫画等の作品を利用しようとする者が、著作権者の許諾を得る前に、あるいは、裁定を受ける前に（著作権法第六十七条一項、六十八条一項、六十九条参照）、内部資料として当該作品を利用して検討を行うことは著作権侵害になりません（著作権法第三十条の三）。

企業等で検討事項とする場合だけでなく、実際に著作権者から許諾を得るために提供したり、見せたりする資料に漫画など当該作品を利用する場合も含まれます（当該許諾を得、または当該裁定を受ける過程を含む）。

また、その場合においては、漫画等（著作物）の種類や利用の仕方等を個々に判断し必要と認められる範囲での利用でなければなりません。また、著作権者の利益を不当に害する場合には当然認められません。

◆参照条文（付随対象著作物の利用）

著作権法第三十条の二　一項　写真の撮影、録音又は録画（以下この項において「写真の撮影等」という。）の方法によつて著作物を創作するに当たつて、当該著作物（以下この条において「写真等著作物」という。）に係る写真の撮影等の対象とする事物又は音から分離することが困難であるため付随して対象となる事物又は音に係る他の著作物（当該写真等著作物における軽微な構成部分となるものに限る。以下この条において「付随対象著作物」という。）は、当該創作に伴つて複製することができる。ただし、当該付随対象著作物の種類及び用途並びに当該複製の態様に照らし著作権者の利益を不当に害することとなる場合は、この限りでない。

二項　前項の規定により複製された付随対象著作物は、同項に規定する写真等著作物の利用に伴つて、いずれの方法によるかを問わず、利用することができる。ただし、当該付随対象著作物の種類及び用途並びに当該利用の態様に照らし著作権者の利益を不当に害することとなる場合は、この限りでない。（平二四法四三・追加、平三〇法三〇各項一部改正）

◆参照条文（検討の過程における利用）

著作権法第三十条の三　著作権者の許諾を得て、又は第六十七条第一項、第六十八条第一項若しくは第六十九条の規定による裁定を受けて著作物を利用しようとする者は、これらの利用についての検討の過程（当該許諾を得、又は当該裁定を受ける過程を含む。）における利用に供することを目的とする場合には、その必要と認められる限度において、いずれの方法によるかを問わず、当該著作物を利用することができる。ただし、当該著作物の種類及び用途並びに当該利用の態様に照らし著作権者の利益を不当に害することとなる場合は、この限りでない。（平二四法四三・追加、平成三〇法三〇・一部改正）

◆平成三〇年改正法（著作権法第三十条の四、四十七条の四、四十七条の五）解説

ここでは、電子書籍などのようなデジタル化の増大およびインターネットなどのネットワーク化の進展にともなう著作権の制限について解説します。

電子書籍などのようにデジタル化が一般化し、インターネットなどのネットワーク化の進展にともない、これらに応じた著作権の制限規定が新たに設けられました。この規定をアメリカ合衆国著作権法のフェア・ユース（公正利用ともいい、一九七六年の著作権法大改正時に、思想・表現区分原則とともに、判例法上の法理を条文に明記したもの。抽象的な規定なので、わが国の著作権法を参考にした判決が下されたこともあります（17 U.S. Code § 107 — Limitations on exclusive rights: Fair use.））であるとする考え方もありますが、フェア・ユースほど抽象的でなく柔軟に

対応できるわが国独自の規定であるといえます。

つぎの場合には著作権者の許諾を得ずに著作物を利用することができます。

一、著作物に表現された思想または感情の享受を目的としない利用（第三十条の四）。この場合には、当該著作権者の利益を不当に害することなく、必要と認められる範囲において、方法のいかんを問わず著作物を利用することができます。

たとえば、リバース・エンジニアリング（ソフトウェアの解析）や、人工知能（AI）が犬と他の動物を判別できるように機械学習（Machine Learning）や深層学習（Deep Learning）させる目的で学習用画像データとしての著作物をデータベースに記録する行為などがあります。

また、つぎの場合にも同様に著作物を利用することができます（著作権法第三十条の四各号）。

（1）著作物の録音、録画その他の利用に関する技術開発や実用化のための試験に用いる場合。

（2）情報解析（多数の著作物その他の大量の情報から、当該情報を構成する言語、音、影像その他の要素に係る情報を抽出し、比較、分類その他の解析を行うことをいう。第四十七条の五第一項第二号において同じ）に利用する場合。

たとえば学術論文の盗用、剽窃を立証するために複数の論文を解析することで、盗用された部分に関する文章等を表示させること。

(3) 人間の視覚や聴覚などで直接、著作物の表現を認識するのではなく、コンピュータによる情報処理の過程において著作物を利用(プログラム(著作物)の場合は、当該プログラムのコンピュータにおける実行を除きます)する場合。

二、コンピュータにおける著作物の利用(情報通信技術を用いる利用を含みます)にあたって、これに付随する利用もしたい場合は、著作権者の利益を不当に害するのでなければ、必要な範囲内で、方法のいかんを問わず利用することができます(著作権法第四十七条の四)。

コンピュータを再開したときに素早く画像等が見られるようデータ処理速度を速めるためにデータとしての著作物をキャッシュメモリーに一時的に保存するための複製や、レンタルサーバー会社が所有するサーバー(ホストコンピュータ)をユーザーに利用させるうえで支障が生じないようにユーザーがアップロードしたデータをハードディスクなどの記録媒体に記録したり、インターネットによる円滑かつ効率的な情報提供をするための情報処理を行う目的での記録媒体への複製などが認められます(著作権法第四十七条の四　一項、二項)。

三、著作物は、コンピュータを用いた情報処理により新たな知見または情報を創出するための所在検索や情報解析などを行いその結果を提供する者（政令で定める基準に従う者に限る）は、著作権者の利益を不当に害しない限り、必要と認められる範囲内において、方法のいかんを問わず、当該情報処理の結果の提供に付随して、利用される著作物の占める割合、量、表示の精度その他の要素に照らして軽微であれば利用をすることができます。例を挙げるとつぎのとおりです（著作権法第四十七条の五）。

（1）書籍や論文等をデジタル化してキーワードを抽出し（抜き出し）検索ができるようにしたうえで、盗用・剽窃があったかどうかを確認し、それがあった場合には剽窃箇所を見いだし、そしてこれに対応する元の書籍・論文等の本文から一部分を表示する行為（検証のための検索）。

（2）キーワードにより書籍を検索し、その書誌情報（書名、著者名、編者名、版表示、出版者、出版年、ＩＳＢＮ等）や所在情報とともに、検索事項に関連する文章の一部分を提供する行為（書籍検索）。

（参考）　文化庁のホームページ政策欄にある「著作権」の項目。

◆**参照条文（著作物に表現された思想又は感情の享受を目的としない利用）**

著作権法第三十条の四　著作物は、次に掲げる場合その他の当該著作物に表現された思想又は感情を自ら享受し又は他人に享受させることを目的としない場合（注三）には、その必要と認められる限度において、いずれの方法によるかを問わず、利用することができる。ただし、当該著作物の種類及び用途並びに当該利用の態様に照らし著作権者の利益を不当に害することとなる場合は、この限りでない。

一号　著作物の録音、録画その他の利用に係る技術の開発又は実用化のための試験の用に供する場合。

二号　情報解析（多数の著作物その他の大量の情報から、当該情報を構成する言語、音、影像その他の要素に係る情報を抽出し、比較、分類その他の解析を行うことをいう。第四十七条の五第一項第二号において同じ。）の用に供する場合。

三号　前二号に掲げる場合のほか、著作物の表現についての人の知覚による認識を伴うことなく当該著作物を電子計算機による情報処理の過程における利用その他の利用（プログラムの著作物にあつては、当該著作物の電子計算機における実行を除く。）に供する場合。

（注三）「著作物に表現された思想又は感情を自ら享受」という文章が著作権法の条文にふさわしいのかどうか大いに疑問があります。

第2節　許諾がなくても著作物が利用できる場合と種類

④ 図書館等での複製が認められる場合

図書館では、次の項目に合致した場合は、著作物を複製利用できます。

一、図書館等は、利用者から図書館等にある本や雑誌（図書館等の図書、記録その他の資料）をコピーして欲しいとの申し出があった場合、その一部分を一部だけコピーして渡すことができます。また、外国語で書かれた文献の場合には、翻訳したものを複製して渡すことができます。

二、図書館資料を保存するために必要な場合に複製が認められます。

三、手に入れることが難しい資料は、他の図書館等から求められた場合、これを複製して提供することができます。

一から三までの複製をすることができるのは、図書等の資料を公衆に利用させることを目的とした図書館その他の施設であって、政令で定めるものをいいます（以下「図書館等」といいます）。ここでいう図書館等には、公共図書館、大学付属図書館、東京国立近代美術館の図書室（著作権法施行令第一条の三　一項）などがあり、会社にある図書室などは含まれません。また、図書館等には司書や司書に相当する職員(著作権法施行規則第一条の三　一項柱書)が置かれていなければなりません。そうでなければ、複製することが認められないのです。

二や三の場合と違って、外国語で書かれた資料は図書館等が翻訳してそれを複製したものを利用者に提供することができます(著作権法第三十一条一項一号、四十七条の六　一項三号)。

◆ここで注意しておくべきこと

利用者が調査・研究のために必要であること。高価な本だからコピーしたほうが得だという理由では認められません。複製できるのはすでに公表されている著作物(本や定期刊行物)であること。私的使用のための複製(著作権法第三十条)と違って公表されている著作物でなければなりません。未公表のものを複製することは許されません。図書館等が所蔵している図書、記録その他の資料であること。利用者が持参した図書をコピーすることはできません。

一、コピーの実費は徴収してもよいが、営利を目的としてはならない

著作物の一部分のみコピーできる。ただし、発行されてから相当期間が過ぎた雑誌などの定期刊行物に掲載されている個々の論文などは全部複製することができる。

一部分というのは著作物の半分以下をいうものであると考えられています。また、学術雑誌など定期刊行物の場合、相当期間を経過したために入手できない刊行

物にあっては、そこに掲載されている個々の論文、図、写真などを全部コピーしてもよいと考えられています。利用者一人に対して一部だけコピーを提供できます。

二、図書館資料を保存するために必要な場合の複製について

稀覯本《きこうぼん》が古くてぼろぼろになったり、虫食いなどのために痛みがひどくなってきたような場合などの複製とか、書庫が手狭になって元の資料を処分したいが縮刷版など代わりになるものが存在しないといったような場合にマイクロ・フィルムなどによって保存するときなどがあてはまります。

三、入手することが難しい資料を複製して他の図書館等に提供する場合について

かなり前に発行されたとか絶版になっているなどの理由で手に入れにくい資料(図書、雑誌など)は、他の図書館等から依頼があった場合に複製して提供することができます。(注一)

国立国会図書館は、絶版等により入手困難な資料をパソコンをとおして認識できる電子記録媒体に記録して、これをインターネットで送信するサービスを、国内の公共図書館等だけでなく、海外にある図書館等に対しても行えるようになりました。

◆参照条文（図書館等における複製等）

著作権法第三十一条　一項　国立国会図書館及び図書、記録その他の資料を公衆の利用に供することを目的とする図書館その他の施設で政令で定めるもの(以下この項及び第三項において「図書館等」という。)においては、次に掲げる場合には、その営利を目的としない

(注一)　ただし、入手することが難しい資料を貸して複製させることはできません。あくまでも、資料を求められた側の図書館が複製しなければならないのです。

事業として、図書館等の図書、記録その他の資料（以下この条において「図書館資料」という。）を用いて著作物を複製することができる。
一号　図書館等の利用者の求めに応じ、その調査研究の用に供するために、公表された著作物の一部分（発行後相当期間を経過した定期刊行物に掲載された個個の著作物にあつては、その全部。第三項において同じ。）の複製物を一人につき一部提供する場合。
二号　図書館資料の保存のため必要がある場合。
三号　他の図書館等の求めに応じ、絶版その他これに準ずる理由により一般に入手することが困難な図書館資料（以下この条において「絶版等資料」という。）の複製物を提供する場合。
三項　国立国会図書館は、絶版等資料に係る著作物について、図書館等又はこれに類する外国の施設で政令で定めるものにおいて公衆に提示することを目的とする場合には、前項の規定により記録媒体に記録された当該著作物の複製物を用いて自動公衆送信を行うことができる。（筆者注記…以下省略。平成三一年一月一日施行）

◆参照条文（国立国会図書館法によるインターネット資料及びオンライン資料の収集のための複製）

著作権法第四十三条　一項　国立国会図書館の館長は、国立国会図書館法（昭和二十三年法律第五号）第二十五条の三第一項の規定により同項に規定するインターネット資料（以下この条において「インターネット資料」という。）又は同法第二十五条の四第三項の規定により同項に規定するオンライン資料を収集するために必要と認められる限度において、当該インターネット資料又は当該オンライン資料に係る著作物を国立国会図書館の使用に係る記録媒体に記録することができる。

第2節　許諾がなくても著作物が利用できる場合と種類

⑤引用や転載が認められる場合とは

他人の著作物の引用利用は、適法に行われる必要がある。

一、批評などするために自分の論文のなかに他人の論文の一部を書いたり、必要な場合に小説のなかに他人の詩歌や俳句などを挿入したりすることは、出所を示すなどの条件に合っていれば認められます。

二、文部科学省などの国（または地方公共団体）の機関が国民に知らせるために作成した広報資料、調査統計資料、報告書などは、禁転載といったような表示がなければ、説明するために新聞や雑誌といった刊行物に転載することができます。

◆一の場合

（1）引用できるのは公表された著作物です。

つまり、出版された書物や既刊の雑誌、新聞などに載った作品でなければ引用することができません。また、絵画や写真といった作品は展示された場合には公表された著作物となります（著作権法第四条三項）。

（2）健全な習わしに合っていることが必要です。
社会一般からみて、これなら良いと考えられる引用であることが必要です。では一体どのような場合があるのかというと、たとえば、論文を書くときに、他説をその他人の言い回しそのままの表現で用いる場合などがこれにあたります。条文には「公正な慣行に合致するもの……」というように書かれてあるため、具体的にどういう場合かはっきりしませんが、それぞれの業界で確立している慣行があるなら、それに従ったやり方であることが必要です。社会的な良識から判断して正当だと考えられている習わしに適合していれば良いでしょう。
（3）報道、批評、研究などのためにする引用の目的からみて正当な範囲であること。
目的は報道、批評、研究以外でもかまいませんが、必要以上の量の引用は認められません。たとえば、批評するために他人の文章をもってくる場合、批評するのに必要のない箇所をもってくることは認められません。また、自分の作品より引用された他人の作品のほうがはるかに量が多いという場合も認められません。やはり、自分の作品が主であって、引用された他人の作品は従でなければならないのです。ただし、絵や写真といった作品の場合は、論評などの目的から全部を引用することが可能であると考えます。
（4）どこから引用したかを明示すること。
著作者名と作品の題号は必ず明示しなければなりません（ただし、太宰治全集という出所の明示によって著作者名が太宰治であることが明らかになるような場合や、著作者名を表示していない作品（無名著作物）である場合にはその必要はありません）。文を引用する場合は、鉤括弧《かぎかっこ》（「　」）等で括って、引用した部分がはっきりわかるようにします（注一）。

書物や雑誌から引用した場合には、第何巻、第何号、何ページからの引用か、また、第何版の何ページからの引用かといったことを明示しなければなりません。美術作品の場合は、たとえば、フランスのルーブル博物館（美術館）所蔵といったように所有者などを明示しておく必要があるでしょう（著作権法第四十八条）。

（注一）　その他の手法として、字下げを行う、文字を小さくする等の方法もあります。

以上の四つの要件を備えていれば、著作権者の許諾が無くても作品を引用して利用できます。

◆二の場合

国や都道府県などが国民、住民一般に広く知らせるために作成した広報資料、調査統計資料、報告書などは説明のために新聞や雑誌といった刊行物（別に定期刊行物でなくても不定期な刊行物でもよい）に転載することができます。ただし、「禁転載」といったような表示があるときは転載することができません。また、©表示が付されていても転載を禁止する意味の表示とはいえません。

つぎに、たとえば、この資料は国土交通省が公表したものである、というように、国や地方自治体の機関名で公表されたものでなければなりません。どういうものか具体的に知るには『国土交通白書』、『教育白書』といった白書などをご覧ください。

なお、この場合も出所を明示しなければなりません。

※禁転載という表示があっても説明のためではなく論評のために必要であれば、その必要な部分を引用することは可能です（著作権法第三十二条一項）。引用する場合には出所を明示しなければなりません。なお、翻訳して利用することができます。

◆参照条文（引用）

著作権法第三十二条　一項　公表された著作物は、引用して利用することができる。この場合において、その引用は、公正な慣行に合致するものであり、かつ、報道、批評、研究その他の引用の目的上正当な範囲内で行なわれるものでなければならない。

二項　国若しくは地方公共団体の機関、独立行政法人又は地方独立行政法人が一般に周知させることを目的として作成し、その著作の名義の下に公表する広報資料、調査統計資料、報告書その他これらに類する著作物は、説明の材料として新聞紙、雑誌その他の刊行物に転載することができる。ただし、これを禁止する旨の表示がある場合は、この限りでない。

◆参照条文（国立国会図書館法によるインターネット資料及びオンライン資料の収集のための複製）

著作権法第四十三条　一項　国立国会図書館の館長は、国立国会図書館法（昭和二十三年

法律第五号）第二十五条の三第一項の規定により同項に規定するインターネット資料（以下この条において「インターネット資料」という。）又は同法第二十五条の四第三項の規定により同項に規定するオンライン資料を収集するために必要と認められる限度において、当該インターネット資料又は当該オンライン資料に係る著作物を国立国会図書館の使用に係る記録媒体に記録することができる。（筆者注記…二項省略）

◆参照条文（出所の明示）

著作権法第四十八条　一項　次の各号に掲げる場合には、当該各号に規定する著作物の出所を、その複製又は利用の態様に応じ合理的と認められる方法及び程度により、明示しなければならない。

一号　第三十二条、第三十三条第一項（同条第四項において準用する場合を含む。）、第三十三条の二第一項、第三十七条第一項、第四十二条又は第四十七条第一項の規定により著作物を複製する場合。

二号　第三十四条第一項、第三十七条第三項、第三十七条の二、第三十九条第一項、第四十条第一項若しくは第二項、第四十七条第二項若しくは第三項又は第四十七条の二の規定により著作物を利用する場合。

三号　第三十二条の規定により著作物を複製以外の方法により利用する場合又は第三十五条、第三十六条第一項、第三十八条第一項、第四十一条、第四十六条若しくは第四十七条の五第一項の規定により著作物を利用する場合において、その出所を明示する慣行があるとき。（筆者注記…二項以降省略）

第2節　許諾がなくても著作物が利用できる場合と種類

⑥ 教科書に掲載することができる場合とは

学校教育の目的から必要な場合には、その必要な範囲で、公表された作品を教科書などに掲載することができます。

学校教育の目的から必要であると判断される範囲で、公表された作品を、教科書（検定教科用図書や文部科学省著作の教科用図書）や高等学校の通信教育用学習図書（大学の通信教育用学習図書は除く）、教師用指導書（教科用図書を発行する者が教師用にその指導書を発行する場合に限られます）に掲載することが許されます（著作権法第三十三条）。また、翻訳、編曲、変形または翻案して掲載することもできます（著作権法第四十七条の六　一項一号）。

未公表の作品は除かれますが、公表された作品であれば文学作品であっても、音楽や美術の作品であってもかまいません。しかも、学校教育上必要であれば、絵画の全部を掲載することもできます。

ここでいう教科用図書は、小学校、中学校、高等学校などで教育上使われる児童または生徒用の図書をいいます。ですから大学の教科書は含まれません。また、学習参考書やいわゆる虎の巻（教科書に書かれている問題の答えなどが書かれているもの）なども含まれません。掲載する場合は、出所を明示しておかなければなりません（著作権法第四十八条一項一号）。

教科書などに作品を掲載する者は、掲載することを著作者に通知して、文化庁長官が毎年定める額の補償金を著作権者に支払わなければなりません。文化庁長官が補償金額を定めた場合は、このことを官報に告示することになっています。

※作品を改変して掲載する場合、小学校の児童が読めるように原文が旧仮名遣いであったものを現代仮名遣いに直したりする程度の改変であることが必要です。つまり、学校教育の目的からやむを得ない用字または用語の変更その他の改変でなければ、著作者の同一性保持権を侵害することになります（著作権法第二十条二項一号）。

◆参照条文（教科用図書等への掲載）

著作権法第三十三条　一項　公表された著作物は、学校教育の目的上必要と認められる限度において、教科用図書（小学校、中学校、義務教育学校、高等学校又は中等教育学校その他これらに準ずる学校における教育の用に供される児童用又は生徒用の図書であつて、文部科学大臣の検定を経たもの又は文部科学省が著作の名義を有するものをいう。以下同じ。）に掲載することができる。

二項　前項の規定により著作物を教科用図書に掲載する者は、その旨を著作者に通知するとともに、同項の規定の趣旨、著作物の種類及び用途、通常の使用料の額その他の事情を考慮して文化庁長官が毎年定める額の補償金を著作権者に支払わなければならない。

◆参照条文（翻訳、翻案等による利用）

著作権法第四十七条の六　一項　次の各号に掲げる規定により著作物を利用することができる場合には、当該著作物について、当該規定の例により当該各号に定める方法による利用を行うことができる。

一号　第三十条第一項、第三十三条第一項（同条第四項において準用する場合を含む。）、第三十四条第一項、第三十五条第一項又は前条第二項　翻訳、編曲、変形又は翻案。

⑦学校向け放送番組で、著作物を放送することができる

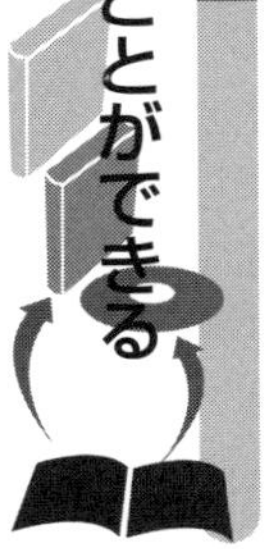

学校向け放送番組（または有線放送番組）で著作物を放送（または有線放送）したり、その番組用の教材に同じ著作物を掲載したりすることができます。（注一）

学校向け放送番組（または有線放送番組）というのは、学校教育法、学校教育法施行規則、学習指導要領に従った番組をいい、ＮＨＫが放送するものだけではなく、民間放送事業者によるものであってもよいのです（放送法第百六条も参照）。ただし、出所を明示してください。なお、翻訳、編曲、変形又は翻案して利用することもできます（著作権法第四十七条の六　一項一号、第四十八条三項二号）。

◆参照条文（学校教育番組の放送等）

著作権法第三十四条　二項　前項の規定により著作物を利用する者は、その旨を著作者に通知するとともに、相当な額の補償金を著作権者に支払わなければならない。

（注一）　この場合、著作物を利用することをその著作者に通知して、著作権者に対して相当な額の補償金（この額は著作物を利用する者と著作権者とで話し合うほうが無難です）を支払わなければなりません。

◆参照条文（学校教育番組の放送等）

著作権法第三十四条　一項　公表された著作物は、学校教育の目的上必要と認められる限度において、学校教育に関する法令の定める教育課程の基準に準拠した学校向けの放送番組又は有線放送番組において放送し、若しくは有線放送し、又は当該放送を受信して同時に専ら当該放送に係る放送対象地域（放送法（昭和二十五年法律第百三十二号）第九十一条第二項第二号に規定する放送対象地域をいい、これが定められていない放送にあつては、電波法（昭和二十五年法律第百三十一号）第十四条第三項第二号に規定する放送区域をいう。以下同じ。）において受信されることを目的として自動公衆送信（送信可能化のうち、公衆の用に供されている電気通信回線に接続している自動公衆送信装置に情報を入力することによるものを含む。）を行い、及び当該放送番組用又は有線放送番組用の教材に掲載することができる。

◆参照条文（翻訳、翻案等による利用）

著作権法第四十七条の六　一項　次の各号に掲げる規定により著作物を利用することができる場合には、当該著作物について、当該規定の例により当該各号に定める方法による利用を行うことができる。

一号　第三十条第一項、第三十三条第一項（同条第四項において準用する場合を含む。）、第三十四条第一項、第三十五条第一項又は前条第二項　翻訳、編曲、変形又は翻案。

第2節　許諾がなくても著作物が利用できる場合と種類

⑧ 授業で使用する場合には作品を複製することができる

学校などの教育機関の教官や教員は、授業で使用する場合には、必要な範囲で、公表された作品を複製することができます。ただし、著作権者の利益を不当に侵害することになってはいけません。

学校その他の教育機関は営利を目的としていないものでなければなりません。学校は、小学校、中学校、高等学校、大学、高等専門学校などをいい、その他の教育機関すなわち学校以外の教育機関は職業訓練所や社会教育を行う施設などをいいます。

実際に授業を行う者は担当する授業で使用するために複製することができます。もちろん、授業で必要な部分しか複製することができません。なお、複製したものを授業以外で使用すると複製権の侵害となりますから注意してください（著作権法第四十九条一項一号）。

ここでの複製には、著作者に複製することを通知しなくても、また、著作権者に補償金を支払わなくてもよいのですが、だからといって、著作権者の利益を不当に害してもよいということではありません。ですから、たとえば、大学教官が自分の担当する講義を学生が何百人も履修しているからその人数分を複製するとか、あるいは、小学校の授業で使ってもらうために販売されているドリルなどの教材を自分が担当するクラスの児童の数の分だけコピーして渡すといったことなどは絶対に避けなければなりません。

出所を明示する慣行があるときだけ複製した作品の出所を明示すればよいことになっていますが、ここでの複製の場合はほとんどそういう慣行があるとみた方がよいでしょう。(注一)

そのまま作品を複製するだけではなく、翻訳、編曲したり、変形又は翻案したりして利用することができます(著作権法第四十七条の六　一項一号)。

(注一)　いずれにしても作者名や作品名などは明示することにしましょう。

授業用の資料をメール(e-mail)に添付送信したり、はたまた好きな時に好きな場所で学生が教室での授業(面接授業)と同じように講義が受けられるオンデマンド授業(大学設置基準第二十五条二項)が行われるなどＩＣＴ「Information and Communication Technology(情報通信技術)」を活用した教育が浸透しつつあるため、とくに公衆送信による教育については、学校教育機関を設置する者が相当な額の補償金を著作権者に支払うことを前提として著作物を従来よりも自由に利用できるようになります。なおこれに関しては、手続きが一か所で済む補償金徴収分配団体（ワンストップシステム。文化庁長官が指定）として、一般社団法人授業目的公衆送信補償金等管理協会（ＳＡＲＴＲＡＳ）が設立され、そこに一定額の補償金を支払えば権利者を通さずに利用できることになります（著作権法第三十五条一項、二項）。[注二]

ただし、担任の教師とその授業・講義を受ける児童、生徒、学生などが授業において、あるいは授業以外の特別な教育活動であるとか、演習（ゼミナール）・実習・実験といった授業の過程において、その目的上必要と認められる分量および部数であって、著作権者の利益を不当に害しない範囲内で著作物を複製することや、学校によっては遠隔地にある教室の生徒や学生に対して同時授業（同時中継）を行うこともあり、当該授業が行われる教室以外の場所において当該授業を同時に受ける者に対して教材として他者の著作物を使用することについては、相当な額の補償金を著作権者に支払う必要はありません（著作権法第三十五条三項）。[注三]

（注二）　公布の日（平成三〇年五月二五日）から起算して三年を超えない範囲内において政令で定める日から施行されます。

（注三）　傍線の部分については、（注二）に同じ。

◆参照条文（学校その他の教育機関における複製等）

著作権法第三十五条　一項　学校その他の教育機関（営利を目的として設置されているものを除く。）において教育を担任する者及び授業を受ける者は、その授業の過程における利用に供することを目的とする場合には、その必要と認められる限度において、公表された著作物を複製し、若しくは公衆送信（自動公衆送信の場合にあつては、送信可能化を含む。以下この条において同じ。）を行い、又は公表された著作物であつて公衆送信されるものを受信装置を用いて公に伝達することができる。ただし、当該著作物の種類及び用途並びに当該複製の部数及び当該複製、公衆送信又は伝達の態様に照らし著作権者の利益を不当に害することとなる場合は、この限りでない。

二項　前項の規定により公衆送信を行う場合には、同項の教育機関を設置する者は、相当な額の補償金を著作権者に支払わなければならない。

三項　前項の規定は、公表された著作物について、第一項の教育機関における授業の過程において、当該授業を直接受ける者に対して当該著作物をその原作品若しくは複製物を提供し、若しくは提示して利用する場合又は当該著作物を第三十八条第一項の規定により上演し、演奏し、上映し、若しくは口述して利用する場合において、当該授業が行われる場所以外の場所において当該授業を同時に受ける者に対して公衆送信を行うときには、適用しない。

（公布の日から起算して三年を超えない範囲内において政令で定める日に、それぞれ施行される）

◆参照条文（翻訳、翻案等による利用）

著作権法第四十七条の六　一項　次の各号に掲げる規定により著作物を利用することができる場合には、当該著作物について、当該規定の例により当該各号に定める方法による利用を行うことができる。

一号　第三十条第一項、第三十三条第一項（同条第四項において準用する場合を含む。）、第三十四条第一項、第三十五条第一項又は前条第二項　翻訳、編曲、変形又は翻案。

◆参照条文（出所の明示）

著作権法第四十八条　一項　次の各号に掲げる場合には、当該各号に規定する著作物の出所を、その複製又は利用の態様に応じ合理的と認められる方法及び程度により、明示しなければならない。（筆者注記…第一号、第二号省略）

三号　第三十二条の規定により著作物を複製以外の方法により利用する場合又は第三十五条、第三十六条第一項、第三十八条第一項、第四十一条、第四十六条若しくは第四十七条の五第一項の規定により著作物を利用する場合において、その出所を明示する慣行があるとき。

第2節　許諾がなくても著作物が利用できる場合と種類

⑨試験、検定問題として作品を複製することができる

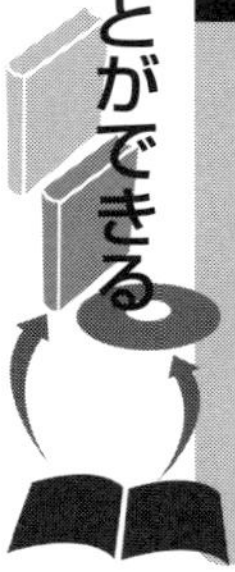

入学試験などの試験や検定のために必要な範囲であれば、試験問題とか検定の問題として、公表された作品を複製することができます。ただし、営利を目的としている場合には著作権者に補償金を支払わなければなりません。

大学の入学試験で、ある小説の一部分を抜き出して国語の問題としたり、大学院の入学試験ではドイツ語で書かれた著書の一部分を複製して和訳させるといったことが、しばしば行われていますが、このように試験や検定問題として小説などを複製する場合には、著作者や著作権者の承諾がいらないばかりか、補償金を支払わなくてもよいのです。しかし、いままでに入学試験などで出題された問題を集めて問題集として販売するためや、業者がお金を徴収して公開模擬試験を行うために複製するなどの場合には、著作権者に対して、通常の使用料額に相当する補償金を支払わなければなりません。

　また、翻訳して複製することができます（第四十七条の六　三号、(注一)著作権法第四十八条三項）。なお、出所の明示は明示する慣行があるときだけ必要です（著作権法第四

（注一）　出所の明示については日本文藝家協会に問い合わせてください
日本文藝家協会
〒102-8559
東京都千代田区紀尾井町3-23　文藝春秋ビル新館 五階
☎：03-3265-9657

十八条一項三号）。

◆参照条文（試験問題としての複製等）

著作権法第三十六条　一項　公表された著作物については、入学試験その他人の学識技能に関する試験又は検定の目的上必要と認められる限度において、当該試験又は検定の問題として複製し、又は公衆送信（放送又は有線放送を除き、自動公衆送信の場合にあつては送信可能化を含む。次項において同じ。）を行うことができる。ただし、当該著作物の種類及び用途並びに当該公衆送信の態様に照らし著作権者の利益を不当に害することとなる場合は、この限りでない。

二項　営利を目的として前項の複製又は公衆送信を行う者は、通常の使用料の額に相当する額の補償金を著作権者に支払わなければならない。

◆参照条文（出所明示）

著作権法第四十八条　一項　次の各号に掲げる場合には、当該各号に規定する著作物の出所を、その複製又は利用の態様に応じ合理的と認められる方法及び程度により、明示しなければならない。（筆者注記…第一号、第二号省略）

三号　第三十二条の規定により著作物を複製以外の方法により利用する場合又は第三十五条、第三十六条第一項、第三十八条第一項、第四十一条、第四十六条若しくは第四十七条の五第一項の規定により著作物を利用する場合において、その出所を明示する慣行があるとき。

第2節　許諾がなくても著作物が利用できる場合と種類

⑩ 作品を点字等により複製することができる場合

視覚障害者のみならず、書籍などを読むことが困難な疾病の人たちのために文章を音声にしたりすることができます。

視覚障害だけでなく肢体等が不自由な人たちのために、福祉に関する事業を行う者で政令で定める者は（著作権法施行令第二条一項一号、二号参照）、書籍など視覚著作物の文章を音声にすること（音訳）その他当該視覚障害者等が利用するのに必要な方式により複製し、またはインターネット送信を行ったり、電子メール（e-mail）に音声ファイルを添付して送信したりすることができます。

これらの規定は印刷物を判読するのが難しい人たちを保護するためのマラケシュ条約（注一）を締結するための整備であることから、ディスレクシア（dyslexia…知的能力とは無関係に文字の読み書きにおいて困難さを生じる疾患）の人に対する行為にも適用されるものと解します（著作権法第三十七条三項（平成三一年一月一日施行））。

だれでも公表された作品を点字によって複製することができます。この場合に

（注一）　視覚障害者等による著作物の利用機会促進マラケシュ条約（Marrakesh VIP Treaty｜Marrakesh Treaty to Facilitate Access to Published Works for Persons Who Are Blind, Visually Impaired, or Otherwise Print Disabled）。

は、著作者や著作権者にその旨を通知しなくても、著作権者に補償金を支払わなくてもよいのです。また、点字によって複製する者が営利を目的としていてもかまいません。

つぎに、盲学校に設置された図書館をはじめ著作権法施行令第二条の施設は、公表された作品を録音することができます。もちろん著作者や著作権者にその旨を通知することも、著作権者に補償金を支払うことも必要ありません。ただし、その録音は目の不自由な人に貸し出すためのものでなければならず、販売するために録音することはできません。

なお、録音することができる施設、すなわち著作権法施行令第二条の施設とは、つぎのものをいいます。

一、国や地方公共団体または公益法人が設置する児童福祉施設（児童福祉法第七条）であってもっぱら視覚障害児を入所させるものに限ります。

二、国や地方公共団体または公益法人が設置する身体障害者更生援護施設（身体障害者福祉法第五条一項）である視聴覚障害者情報提供施設（もっぱら視覚障害者を入所させるものに限ります）および点字図書館。

三、学校教育法でいう学校（学校教育法第一条）である特別支援学校に設置されている学校図書館（学校図書館法第二条）。

四、養護老人ホームおよび特別養護老人ホーム（老人福祉法第五条の三）であって、もっぱら視覚障害者を収容するものに限ります。

公表された作品は翻訳して点字複製したり、録音したりすることができます（著作権法第四十七条の六　一項三号）。また、出所を明示しなければなりません（著作権法第四十八条一項一号）。

※一般の公共図書館が録音する場合には、著作権者の許諾が必要です。

◆参照条文（視覚障害者等のための複製等）

著作権法第三十七条　一項　公表された著作物は、点字により複製することができる。

二項　公表された著作物については、電子計算機を用いて点字を処理する方式により、記録媒体に記録し、又は公衆送信（放送又は有線放送を除き、自動公衆送信の場合にあつては送信可能化を含む。次項において同じ。）を行うことができる。

三項　視覚障害その他の障害により視覚による表現の認識が困難な者（以下この項及び第百二条第四項において「視覚障害者等」という。）の福祉に関する事業を行う者で政令で定めるものは、公表された著作物であつて、視覚によりその表現が認識される方式（視覚及び他の知覚により認識される方式を含む。）により公衆に提供され、又は提示されているもの（当該著作物以外の著作物で、当該著作物において複製されているものその他当該著作物と一体として公衆に提供され、又は提示されているものを含む。以下この項及び同条第四項において「視覚著作物」という。）について、専ら視覚障害者等で当該方式によつては当該視覚著作物を利用することが困難な者の用に供するために必要と認められる限度において、当該視覚著作物に係る文字を音声にすることその他当該視覚障害者等が利用するために必要な方式により、複製し、又は公衆送信を行うことができる。ただし、当該視覚著作物について、著作権者又はその許諾を得た者若しくは第七十九条の出版権の設定を受けた者若しくはその複製許諾若しくは公衆送信許諾を得た者により、当該方式による公衆への提供又は提示が行われている場合は、この限りでない。

◆参照条文（翻訳、翻案等による利用）

第四十七条の六　一項　次の各号に掲げる規定により著作物を利用することができる場合には、当該著作物について、当該規定の例により当該各号に定める方法による利用を行うことができる。（筆者注記…第一号、第二号省略）

三号　第三十一条第一項第一号若しくは第三項後段、第三十二条、第三十六条第一項、第三十七条第一項若しくは第二項、第三十九条第一項、第四十条第二項、第四十一条又は第四十二条　翻訳。

◆参照条文（出所明示）

著作権法第四十八条　一項　次の各号に掲げる場合には、当該各号に規定する著作物の出所を、その複製又は利用の態様に応じ合理的と認められる方法及び程度により、明示しなければならない。（筆者注記…第一号、第二号省略）

三号　第三十二条の規定により著作物を複製以外の方法により利用する場合又は第三十五条、第三十六条第一項、第三十八条第一項、第四十一条、第四十六条若しくは第四十七条の五第一項の規定により著作物を利用する場合において、その出所を明示する慣行があるとき。

第2節　許諾がなくても著作物が利用できる場合と種類

⑪ 営利目的以外での著作物の利用

営利を目的としないこと、聴衆などから料金を取らないこと、実演家に報酬を支払わないこと、これら三つの要件を満たしていれば、他人の作品を上演したり、演奏したり、口頭で述べたり、あるいは上映したりすることができます。

つぎの三つの要件がすべてそろっていれば、他人の作品（著作物）を上演、演奏、口述、または上映することができます。

（1）営利を目的としないこと。

たとえ入場料を無料にしていたとしても、会社等の宣伝を目的とするものである場合には営利目的となります。

（2）聴衆または観衆から料金を取らないこと。

表向きは入場無料となっていても、観劇させたことに対して、あるいは、演奏を聞かせたことに対して、何らかの形で対価を得ている場合にはあてはまりません。

（3）実演家（注一）または口述（注二）を行う者に報酬を支払わないこと。

名目はどうであっても実演家等に報酬を支払ってはいけません（注三）。

（注一）　実演家とは、演奏家、舞踊家、俳優、歌手などをいいます。

（注二）　口述を行う者とは、朗読などをする者をいいます。

（注三）　たとえば、会場までタクシーで千円くらいしかかからない距離のところに住んでいる実演家に、交通費として十万円支払うというのは、実質的にみて、報酬を支払ったことになります。

以上の三つの要件のうちの、どれか一つでも欠けていれば著作権者に無断で上映等することはできません。ここでは、小学校などの学芸会での演劇、国語の授業の時間に詩を朗読させせたりすること、あるいは、サークル活動を行っている者達が日頃の成果を公表するためにする無料演奏会などがあてはまります。

なお、出所を明示する慣行があればそれに従わなければいけません(注四)(著作権法第四十八条一項三号)。

◆参照条文（営利を目的としない上演等）

第三十八条　一項　公表された著作物は、営利を目的とせず、かつ、聴衆又は観衆から料金（いずれの名義をもつてするかを問わず、著作物の提供又は提示につき受ける対価をいう。以下この条において同じ。）を受けない場合には、公に上演し、演奏し、上映し、又は口述することができる。ただし、当該上演、演奏、上映又は口述について実演家又は口述を行う者に対し報酬が支払われる場合は、この限りでない。

（注四）　著作権法第四十八条一項三号　第三十二条の規定により著作物を複製以外の方法により利用する場合又は第三十五条、第三十六条第一項、第三十八条第一項、第四十一条、第四十六条若しくは第四十七条の五第一項の規定により著作物を利用する場合において、その出所を明示する慣行があるとき。

第2節　許諾がなくても著作物が利用できる場合と種類

⑫ 放送される画像や音声を無断で有線放送できる場合

放送される画像や音声は、営利を目的としないこと、聴衆または観衆から料金を受けないこと、これら二つの要件を備えれば無断で有線放送することができます。

電波障害があって鮮明な画像を見ることができないとか、マンションやアパートのベランダのあちらこちらにアンテナが立てられていて、美観を損なうといった場合には、放送されてきた画像などを有線によって再送信することができます。（注一）もちろんこの場合、営利目的であってはなりませんし、無料でなければなりません。

◆**参照条文（営利を目的としない上演等）**

著作権法第三十八条　二項　放送される著作物は、営利を目的とせず、かつ、聴衆又は観衆から料金を受けない場合には、有線放送し、又は専ら当該放送に係る放送対象地域において受信されることを目的として自動公衆送信（送信可能化のうち、公衆の用に供されている電気通信回線に接続している自動公衆送信装置に情報を入力することによるものを含む。）を行うことができる。

（注一）　たとえばインターネットなどを利用して番組を送信するＩＰ（インターネット・プロトコル）マルチキャスト放送や共同受信アンテナによる有線放送があります。

⑬放送される画像などを公に視聴させることができる場合

営利を目的としないこと、聴衆または観衆から料金を受けないこと、これら二つの要件を備えれば、放送（または有線放送）される画像などを受信して公（おおやけ）に視聴させることができます。

著作権者は放送されている画像や音声（注一）を受信装置によって公衆に伝達することができる権利をもっているわけですが（著作権法第二十三条二項）、その許諾を得ていない者であっても、営利を目的としないで、かつ聴衆や観衆から、料金を受けない場合（注二）であれば、著作権者と同様に伝達することができます。

◆**参照条文（営利を目的としない上演等）**

著作権法第三十八条　三項　放送され、又は有線放送される著作物（放送される著作物が自動公衆送信される場合の当該著作物を含む。）は、営利を目的とせず、かつ、聴衆又は観衆から料金を受けない場合には、受信装置を用いて公に伝達することができる。通常の家庭用受信装置を用いてする場合も、同様とする。

（注一）　画像や音声としての作品は、著作物です。

（注二）　テレビなどの通常の家庭用受信装置を用いてする場合は有料かつ営利目的であってもかまいません。

第2節　許諾がなくても著作物が利用できる場合と種類

⑭ レコードを貸しても、著作権侵害にならない場合

営利を目的としないこと、借りる者から料金を受けないこと、この二つの要件が備わっていれば、レコードや楽譜を貸しても著作権（貸与権）侵害になりません。

公共図書館がレコードやＣＤ等（著作物の複製物）を貸し出す場合などがあてはまります。非営利で料金が無料であれば貸してもよいことになります。ただし、映画ビデオなど映画作品の複製物以外であることと、未公表でない作品のものに限ります。

貸与権は、映画を除くすべての著作物に対して認められる権利です。ただし非営利目的であって無償の場合には権利者は貸与権を行使することができません（著作権法第三十八条四項）。なお、映画のＤＶＤ（複製物）などの貸与は頒布権（著作権法第二十六条）の対象となります。

しかし貸レコード屋の場合は許諾を得なければ著作権侵害の問題が起きますから注意してください。ところで、書籍や雑誌といっても、主として楽譜によって構成されているものの場合は非営利であって無料でなければ貸すことができません。

貸楽譜業として有料で貸し出す場合には問題があります。

◆参照条文（営利を目的としない貸与）

著作権法第三十八条　四項　公表された著作物（映画の著作物を除く。）は、営利を目的とせず、かつ、その複製物の貸与を受ける者から料金を受けない場合には、その複製物（映画の著作物において複製されている著作物にあつては、当該映画の著作物の複製物を除く。）の貸与により公衆に提供することができる。

◆関連条文（貸与権）

著作権法第二十六条の三　著作者は、その著作物（映画の著作物を除く。）をその複製物（映画の著作物において複製されている著作物にあつては、当該映画の著作物の複製物を除く。）の貸与により公衆に提供する権利を専有する。

なお、貸本業者は、本を買うことができない人たちに本を読む機会を与える役割を果たした時期があったことから、書籍や雑誌を貸すことについては、従来、権利者に無断で行うことができましたが、平成一七年一月一日からは書籍などの貸与についても権利者の許諾が必要となりました。これに伴い、出版業界では、その権利関係の業務を行う「出版物貸与権管理センター」(注一)が担当しています。

（注一）　著作権法附則第四条の二が廃止されたのに伴い出版物の貸与権に基づく報酬の徴収と分配を実施するために設立された団体。
〒101-0051
東京都千代田区神田神保町
2-5-4 開拓社ビル5F
☎：03-3222-5339

第2節　許諾がなくても著作物が利用できる場合と種類

⑮ 無料でビデオソフトなどを貸すことができる場合

政令で定められている視聴覚教育施設などは、(1)権利者に補償金を支払う、(2)借りる者から料金を取らない、という条件でビデオソフトなどを貸すことができます。

ビデオソフト、ＤＶＤなどの視聴覚資料を貸し出すことができるのは、つぎの条件をすべて備えた場合です。

まず、ビデオや映画フィルムなどといった視聴覚資料を公衆に利用させることを目的とした視聴覚教育施設などの施設であることです。

つぎに、営利を目的として設置されたものでないこと。

また、借りる者から料金を取らないこと。

そして、政令で定められている施設であること。

これは著作権法施行令第二条の二が規定している施設をいいます。つまり、

（1）国や地方公共団体が設置する視聴覚教育施設

（2）図書館法第二条一項の図書館

（3）その他、国、地方公共団体、一般社団法人等が設置する施設であって、視聴覚資料を収集、整理、保存することによって公衆に利用させることを業務とする施設であって、文化庁長官が指定する施設であること、です。

ところでここで注意しなければならないことは、この場合の貸出には、権利者に相当な額の補償金を支払わなければならないということです。相当な額という表現は漠然としていますが、通常の使用料程度の額といったところで、具体的には権利者と話し合って決めるのが無難です。

なお、レンタルビデオ業の場合は、以上の条件にあてはまりませんから、権利者の許諾を得ないといけません。でなければ、著作権（頒布権）侵害の問題が生じます（著作権法第二十六条）。

◆参照条文（営利を目的としない上演等）

著作権法第三十八条　五項　映画フィルムその他の視聴覚資料を公衆の利用に供することを目的とする視聴覚教育施設その他の施設（営利を目的として設置されているものを除く。）で政令で定めるもの及び聴覚障害者等の福祉に関する事業を行う者で前条の政令で定めるもの（同条第二号に係るものに限り、営利を目的として当該事業を行うものを除く。）は、公表された映画の著作物を、その複製物の貸与を受ける者から料金を受けない場合には、その複製物の貸与により頒布することができる。この場合において、当該頒布を行う者は、当該映画の著作物又は当該映画の著作物において複製されている著作物につき第二十六条に規定する権利を有する者（第二十八条の規定により第二十六条に規定する権利と同一の権利を有する者を含む。）に相当な額の補償金を支払わなければならない。

◆関連条文（頒布権）

著作権法第二十六条　一項　著作者は、その映画の著作物をその複製物により頒布する権利を専有する。

二項　著作者は、映画の著作物において複製されているその著作物を当該映画の著作物の複製物により頒布する権利を専有する。

◆関連条文（定義）

図書館法第二条　一項　この法律において「図書館」とは、図書、記録、その他必要な資料を収集し、整理し、保存して、一般公衆の利用に供し、その教養、調査研究、レクリエーション等に資することを目的とする施設で、地方公共団体、日本赤十字社または一般社団法人若しくは一般財団法人が設置するもの（学校に附属する図書館又は図書室を除く。）をいう。

⑯ 社説等を転載することができる場合

社説などの時事問題についての論説は、禁止する表示がない限り、他の新聞や雑誌に転載したり、放送(または有線放送)したりすることができます。

一、新聞の社説や雑誌の巻頭言といった政治上、経済上、あるいは社会上の時事問題についての論説(ただし、学術的なものは利用できません)は、他の新聞や雑誌に転載することができます。また、放送(または有線放送)することもできます。

しかし、「利用してはいけません」という意味の表示がなされている場合には、転載したり、放送(または有線放送)したりすることができませんから注意してください。たとえば、「禁転載」という表示があれば利用することができません。

ところで新聞名の付近(たとえば、読売新聞と書かれてある箇所の下の部分あたり)や雑誌の奥付などに©表示が付されている場合がありますが、これだけでは社説などの利用を禁止する表示とみることはできないと考えられます。

転載あるいは放送されたくなければ各々の論説ごとに「禁転載」とか、「放送を禁じる」といった表示をするのがよいでしょう。

※対立する説として、記事に署名が入れられている場合、その署名が転載を禁止する表示にあたるのかどうか問題があります。(注一)

二、一のところで述べましたように、時事問題についての論説を放送したり、有線放送したりすることができるわけですが、この場合、受信装置を使って公《おおやけ》に伝えることができます。

三、時事問題についての論説を転載したりする場合には、必ず出所を明らかにしておかなければなりません(著作権法第四十八条一項二号)。また、翻訳して掲載することができます(第四十七条の六　三号)。

(注一)　第一説　記事に執筆者の署名が入れられている場合には、慣行として転載を禁止する意味である(半田正夫著『著作権法概説〔第五版〕』一六五頁など)。
第二説　記事に執筆者の署名があるからといって、一概にすべての署名記事が転載できないとはいえない(著作権資料協会編『著作権事典〔改訂版〕』一二三頁)。

◆参照条文（時事問題に関する論説の転載等）

著作権法第三十九条　一項　新聞紙又は雑誌に掲載して発行された政治上、経済上又は社会上の時事問題に関する論説(学術的な性質を有するものを除く。)は、他の新聞紙若しくは雑誌に転載し、又は放送し、若しくは有線放送し、若しくは当該放送を受信して同時に専ら当該放送に係る放送対象地域において受信されることを目的として自動公衆送信(送信可能化のうち、公衆の用に供されている電気通信回線に接続している自動公衆送信装置に情報を入力することによるものを含む。)を行うことができる。ただし、これらの利用を禁止する旨の表示がある場合は、この限りでない。
二項　前項の規定により放送され、若しくは有線放送され、又は自動公衆送信される論説は、受信装置を用いて公に伝達することができる。

◆参照条文（翻訳、翻案等による利用）

著作権法第四十七条の六　一項　次の各号に掲げる規定により著作物を利用することができる場合には、当該著作物について、当該規定の例により当該各号に定める方法による利用を行うことができる。

三号　第三十一条第一項第一号若しくは第三項後段、第三十二条、第三十六条第一項、第三十七条第一項若しくは第二項、第三十九条第一項、第四十条第二項、第四十一条又は第四十二条　翻訳。

◆参照条文（出所の明示）

著作権法第四十八条　一項　次の各号に掲げる場合には、当該各号に規定する著作物の出所を、その複製又は利用の態様に応じ合理的と認められる方法及び程度により、明示しなければならない。（筆者注記…第一号、第三号省略）

二号　第三十四条第一項、第三十七条第三項、第三十七条の二、第三十九条第一項、第四十条第一項若しくは第二項、第四十七条第二項若しくは第三項又は第四十七条の二の規定により著作物を利用する場合。

第2節　許諾がなくても著作物が利用できる場合と種類

⑰ 政治上の演説を利用することができる場合

公開されて行われる選挙演説などは印刷、録音、放送、翻訳その他どのような方法で利用してもかまいません。ただし、一人がした演説をまとめて演説集として出版するようなことはできません。

公開して行われた政治上の演説または陳述は、同じ人が演説なり陳述したものを編集して利用するものでない限り、自由に利用することができます。ですから、「佐藤栄作総理大臣演説集」といったように、一人の著作者の演説なり陳述を編集して出版したりする場合には権利者の許諾が必要になります。

ところで、テレビでニュース・キャスターが、ニュース解説で単に「国の政策はおかしいのではないか」という意見を述べただけでは政治上の演説または陳述とはいえません。すなわち、政治上の演説とか陳述というのは政治の行方に影響を与えるために自分の意見を述べる場合をいうわけです。たとえば、政治を行うにあたっての考えについての総理大臣の演説や選挙での立候補者の演説などをいいます。

利用方法は、印刷、録音、放送、翻訳その他どのようなものでもかまいません。

なお、利用するにあたっては演説等の出所を明示することを忘れないでください（著作権法第四十八条一項二号）。

◆参照条文（政治上の演説等の利用）

著作権法第四十条　一項　公開して行われた政治上の演説又は陳述及び裁判手続（行政庁の行う審判その他裁判に準ずる手続を含む。第四十二条第一項において同じ。）における公開の陳述は、同一の著作者のものを編集して利用する場合を除き、いずれの方法によるかを問わず、利用することができる。

◆参照条文（出所の明示）

著作権法第四十八条　一項　次の各号に掲げる場合には、当該各号に規定する著作物の出所を、その複製又は利用の態様に応じ合理的と認められる方法及び程度により、明示しなければならない。（筆者注記…第一号、第三号省略）。

二号　第三十四条第一項、第三十七条第三項、第三十七条の二、第三十九条第一項、第四十条第一項若しくは第二項（中略）の規定により著作物を利用する場合。

第2節　許諾がなくても著作物が利用できる場合と種類

⑱ 国や地方機関での演説などが利用できる場合

国会や地方議会などで行われた公開の演説や陳述は、報道目的上正当であれば、新聞に掲載したり、放送したりすることができます。

国や地方公共団体の機関での公開の演説や陳述は、報道の目的上正当である場合には、新聞または雑誌に掲載したり、放送（または有線放送）することができます。さらにまた、放送（または有線放送）される演説とか陳述は、受信装置を使って公に伝えることもできます。国会や、都道府県議会とか市町村議会といった地方議会などで行われた演説や陳述があてはまります。（注一）

◆参照条文（政治上の演説等の利用）

著作権法第四十条　二項　国若しくは地方公共団体の機関、独立行政法人又は地方独立行政法人において行われた公開の演説又は陳述は、前項の規定によるものを除き、報道の目的上正当と認められる場合には、新聞紙若しくは雑誌に掲載し、又は放送し、若しくは有線放送し、若しくは当該放送を受信して同時に専ら当該放送に係る放送対象地域において受信されることを目的として自動公衆送信（送信可能化のうち、公衆の用に供されている電気

（注一）　具体的には、国会議員の質疑であるとか、政府の答弁といったものがこれにあたります。なお、この場合にも演説等の出所を明示しなければなりません（著作権法第四十八条一項二号）。また、翻訳して利用することができます（著作権法第四十七条の六）。

通信回線に接続している自動公衆送信装置に情報を入力することによるものを含む。）を行うことができる。
三項　前項の規定により放送され、若しくは有線放送され、又は自動公衆送信される演説又は陳述は、受信装置を用いて公に伝達することができる。（筆者注記…第一項省略）

◆参照条文（翻訳、翻案等による利用）
著作権法第四十七条の六　一項　次の各号に掲げる規定により著作物を利用することができる場合には、当該著作物について、当該規定の例により当該各号に定める方法による利用を行うことができる。
二号　第三十条の二第一項又は第四十七条の三第一項　翻案。

◆参照条文（出所の明示）
著作権法第四十八条　一項　次の各号に掲げる場合には、当該各号に規定する著作物の出所を、その複製又は利用の態様に応じ合理的と認められる方法及び程度により、明示しなければならない。（筆者注記…第一号、第三号省略）
二号　第三十四条第一項、第三十七条第三項、第三十七条の二、第三十九条第一項、第四十条第一項若しくは第二項（中略）の規定により著作物を利用する場合。

第2節　許諾がなくても著作物が利用できる場合と種類

⑲ 裁判での陳述が利用できる場合

裁判（その他特許審判など裁判に非常に近いもの）で、弁護士、原告、被告など（特許審判では請求人など）が行う陳述は、一人の著作者のものを編集して出版するような場合でない限り、どのような方法で利用してもかまいません。

裁判（その他行政庁の行う審判など裁判に非常に近いもの）で、弁護人、検察官、原告、被告など（特許審判では請求人など）が行う公開の陳述は、特定個人のものを編集して出版するような場合を除いて、自由に利用することができます。

一般の裁判だけではなく、議院が行う議員の資格争訟の裁判（憲法第五十五条、国会法第百十一条〜百十三条、衆議院規則第百八十九条〜百九十九条、参議院規則第百九十三条〜二百六条）や国会が行う弾劾裁判（憲法第六十四条、国会法第百二十五条〜百二十九条）が含まれます。また、特許庁が行う審判や海難審判庁が行う審判、公正取引委員会の審査・審判、労働委員会の審査なども含まれます。

傍聴を認められている法廷の場で、弁護人、原告、被告などが陳述したことは、自由に利用することができます。（注一）

（注一）　利用方法は、印刷、翻訳その他どのようなものでもかまいません。ただし、同一人の陳述を編集して出版したりする場合には権利者の許諾が必要になります。なお、利用するにあたっては出所を明示することを忘れないでください（著作権法第四十八条一項二号）。

◆参照条文（政治上の演説等の利用）

著作権法第四十条　一項　公開して行われた政治上の演説又は陳述及び裁判手続（行政庁の行う審判その他裁判に準ずる手続を含む。第四十二条第一項において同じ。）における公開の陳述は、同一の著作者のものを編集して利用する場合を除き、いずれの方法によるかを問わず、利用することができる。

◆参照条文（権利の目的とならない著作物）

著作権法第十三条　次の各号のいずれかに該当する著作物は、この章の規定による権利の目的となることができない。

三号　裁判所の判決、決定、命令及び審判並びに行政庁の裁決及び決定で裁判に準ずる手続により行われるもの。

◆参照条文（出所の明示）

著作権法第四十八条　一項　次の各号に掲げる場合には、当該各号に規定する著作物の出所を、その複製又は利用の態様に応じ合理的と認められる方法及び程度により、明示しなければならない。（筆者注記…第一号、第三号省略）

二号　第三十四条第一項、第三十七条第三項、第三十七条の二、第三十九条第一項、第四十条第一項若しくは第二項（中略）の規定により著作物を利用する場合。

第2節　許諾がなくても著作物が利用できる場合と種類

⑳ 裁判手続きや立法・行政の目的のための著作物の利用

判決文や訴訟資料などを作成するために必要な場合や、立法・行政を行うための内部資料として必要な場合には、他人の著作物を複製することができます。ただし、著作権者の利益を不当に侵害することになってはいけません。

一、判決文や訴訟資料等を作成するときなど裁判（その他特許審判など裁判に非常に近いもの）のためにどうしても必要な場合には、その必要な範囲内で、他人の著作物を複製することができます。

ここでも、第3章第2節⑲「裁判での陳述が利用できる場合」で述べましたように、裁判所が行う裁判だけではなく、議院が行う議員の資格争訟の裁判（憲法第五十五条、国会法第百十一条～百十三条、衆議院規則第百八十九条～百九十九条、参議院規則第百九十三条～二百六条）や国会が行う弾劾裁判（憲法第六十四条、国会法第百二十五条～百二十九条）さらには、特許庁が行う審判（特許法）や海難審判庁が行う審判（海難審判法）、公正取引委員会の審査・審判（私的独占の禁止及び公正取引の確保に関する法律＝独禁法）、労働委員会の審査（労働組合法等）などが含まれます。

また、複製ができる者は、裁判官だけではなく、弁護士、原告、被告等も含まれます。しかも、裁判上必要な複製であるとみられるのであれば、検察官のみならず司法警察職員による複製も認められると考えます。

判例(参考)

これは、著作権法上の問題ではなく憲法第二十一条の報道の自由、取材の自由に関するもので、報道機関が取材して作成したビデオテープを捜査機関が差し押さえたという事案ですが、裁判所がこの証拠資料についてどのように考えているかを知るうえで参考になりますから紹介しておきます。

最高裁判所は、重大な事件の解明のために不可欠であること、ビデオテープを差し押さえても、このビデオテープを報道機関が放映することになんら支障をきたすものでないことなどを理由として、差し押さえても報道の自由を侵すことにはならない、と判断しています(最高裁判所決定平成元年一月三〇日、最高裁判所刑事判例集四三巻一号一九頁、判例時報一三〇〇号三頁)。

二、立法や行政を行ううえで内部資料として必要な場合には、その必要な範囲内で、他人の著作物を複製することができます。

国会や官公庁といった国の機関や地方公共団体の機関が立法や行政を行うため

にどうしても必要な場合であって、内部資料として部局内でのみ使用するために複製するのであれば許諾を得なくてもよいということです。逆にいうと、外部へ配付したりしてはいけないということです。

ところで、条文には、ただ単に「著作物」とありますから、公表されていない著作物であっても複製してもよいということになります。しかし、著作者は自分の著作物を公表するかしないかを決定することができる権利（公表権）をもっていますから、複製したものを勝手に公表することは許されませんので、この点注意してください（著作権法第十八条、第五十条）。また、必要な範囲内でのみ複製が認められていますから、著作物の一部だけ必要なのに全部複製することなどはできませんし、さらに、著作権者の利益を不当に害することができませんから、必要以上に余分な部数を複製したりすることなどもできません。

なお、翻訳して複製することができます（著作権法第四十七条の六　三号）。利用するにあたっては出所を明示することを忘れないでください（第四十八条一項一号）。

◆参照条文（裁判手続等における複製）

著作権法第四十二条　一項　著作物は、裁判手続のために必要と認められる場合及び立法又は行政の目的のために内部資料として必要と認められる場合には、その必要と認められる限度において、複製することができる。ただし、当該著作物の種類及び用途並びにその複製の部数及び態様に照らし著作権者の利益を不当に害することとなる場合は、この限りでない。

◆参照条文（翻訳、翻案等による利用）

著作権法第四十七条の六　一項　次の各号に掲げる規定により著作物を利用することができる場合には、当該著作物について、当該規定の例により当該各号に定める方法による利用を行うことができる。

三号　第三十一条第一項第一号若しくは第三項後段、第三十二条、第三十六条第一項、第三十七条第一項若しくは第二項、第三十九条第一項、第四十条第二項、第四十一条又は第四十二条　翻訳。

◆参照条文（出所の明示）

著作権法第四十八条　一項　次の各号に掲げる場合には、当該各号に規定する著作物の出所を、その複製又は利用の態様に応じ合理的と認められる方法及び程度により、明示しなければならない。（筆者注記…第一号、第三号省略）

一号　第三十二条、第三十三条第一項（同条第四項において準用する場合を含む。）、第三十三条の二第一項、第三十七条第一項、第四十二条又は第四十七条第一項の規定により著作物を複製する場合。

第2節　許諾がなくても著作物が利用できる場合と種類

㉑ 時事の事件を報道するための著作物を利用する場合

美術館から絵画が盗まれた事件を報道する場合に、どのような絵画が盗まれたのかをテレビで放送したり新聞に載せたりすることや、パレードが行われたことを報道するときに、映像だけでなく音楽隊の演奏する音楽も放送したりすることなどは、報道の目的から正当な範囲内であれば認められます。

時事の事件を報道することができるのは、事件を構成する著作物と、事件の過程において見られ、あるいは聞かれる著作物です。

（1）事件を構成する著作物というのは、たとえば、美術館から絵画が盗まれた事件を報道する場合のその盗まれた絵画であるとか、ある日本の企業が諸外国でも話題になるほどの最高の値で有名な画家の絵画を購入したことについて報道する場合のその絵画をいいます。

（2）事件の過程において見られ、あるいは聞かれる著作物というのは、たとえば、皇太子が美術館を見学に来られたことを報道するときに展示してある作品も一緒に報道されることがありますが、この場合の展示作品であるとか、あるいは、ザよこはまパレードの報道を行う場合に聞かれる音楽隊が奏でる音楽といったものなどをいいます。

以上のようなものは、どうしても利用しなければならない場合があり、このような場合には、権利者に不当な損害を与えない限り、報道の目的からして正当な範囲内で、写真や映画、放送、新聞、雑誌などによって報道することができます。あくまでも報道目的での利用であって、それ以外の目的で利用をする場合には著作権者の許諾を得なければなりません。

なお、この場合、翻訳して報道することも可能です（著作権法第四十七条の六　三号）。

出所を明示する慣行があればそれに従わなければなりません（著作権法第四十八条一項三号）。

◆参照条文（時事の事件の報道のための利用）

著作権法第四十一条　写真、映画、放送その他の方法によつて時事の事件を報道する場合には、当該事件を構成し、又は当該事件の過程において見られ、若しくは聞かれる著作物は、報道の目的上正当な範囲内において、複製し、及び当該事件の報道に伴つて利用することができる。

◆参照条文（翻訳、翻案等による利用）

著作権法第四十七条の六　一項　次の各号に掲げる規定により著作物を利用することができる場合には、当該著作物について、当該規定の例により当該各号に定める方法による利用を行うことができる。

三号　第三十一条第一項第一号若しくは第三項後段、第三十二条、第三十六条第一項、第三十七条第一項若しくは第二項、第三十九条第一項、第四十条第二項、第四十一条又は第四十二条　翻訳。

◆参照条文（出所の明示）

著作権法第四十八条　一項　次の各号に掲げる場合には、当該各号に規定する著作物の出所を、その複製又は利用の態様に応じ合理的と認められる方法及び程度により、明示しなければならない。（筆者注記…第一号、第二号省略）

三号　第三十二条の規定により著作物を複製以外の方法により利用する場合又は第三十五条、第三十六条第一項、第三十八条第一項、第四十一条、第四十六条若しくは第四十七条の五第一項の規定により著作物を利用する場合において、その出所を明示する慣行があるとき。

第2節　許諾がなくても著作物が利用できる場合と種類

㉒ 放送するための著作物を一時的に録画や録音できる場合

放送事業者は、放送することが許された著作物を、放送するために、一時的に録画や録音することができます。

一、ＮＨＫなどの放送事業者は、著作権者から著作物の放送について許諾を得たならば、その放送のために、自己の設備や職員により、その著作物を、一時的に録画したり、録音したりすることができます。すなわち、放送の許諾があれば、録画などについての許諾がなくても、一時的に、ビデオテープやオーディオテープなどに、録画、録音することができるわけです。さらに、ネットワーク放送をする場合に、ネット局は、著作権者の放送の許諾があれば、キー局と同様に、その著作物を一時的に録画や録音することができます。

二、この一時的な録画や録音は、放送を受信して行う場合を除き、有線放送する場合にも認められます。

三、以上述べた録音物や録画物は、その録音または録画の後六か月を超えて保存することができません。また、録音または録画後六か月以内に放送（有線放送を含む）された場合には、その放送後（または有線放送後）六か月を超えて保存することができません。もしこの期間を超えて保存していれば複製権の侵害となります（著作権法第二十一条、第四十九条一項二号）。ただし、著作権法施行令により、公的な記録保存所に保存する場合は問題ありません（著作権法施行令第二章第三条から第七条）。なお、公的な記録保存所としては、東京国立近代美術館フィルムセンター、日本民間放送連盟記録保存所、放送博物館、放送文化財ライブラリーがあります。

四、一時的な録画なり録音にあたるのかどうかという点について、フィルム撮影やディスクレコードへの録画または録音は一時的といえるか疑問であるとする見解がありますが、そういうものに固定したとしても自己の放送（または有線放送）のためであって、しかも録画または録音の後六か月（その放送または有線放送後六か月）以内に破棄するのであれば一時的な録画、録音にあたるものと考えます。(注一)なお、テレビ局などではＨＤＣＡＭ等のテープによる録画、録音の他、ＸＤＣＡＭといったディスクでの固定も行われます。

（注一）　加戸守行『著作権法逐条講義（四訂新版）』著作権情報センター、二九一頁。

◆参照条文（放送事業者等による一時的固定）

著作権法第四十四条　一項　放送事業者は、第二十三条第一項に規定する権利を害することなく放送することができる著作物を、自己の放送のために、自己の手段又は当該著作物を同じく放送することができる他の放送事業者の手段により、一時的に録音し、又は録画することができる。

二項　有線放送事業者は、第二十三条第一項に規定する権利を害することなく有線放送することができる著作物を、自己の有線放送（放送を受信して行うものを除く）のために、自己の手段により、一時的に録音し、又は録画することができる。

三項　前二項の規定により作成された録音物又は録画物は、録音又は録画の後六月（その期間内に当該録音物又は録画物を用いてする放送又は有線放送があつたときは、その放送又は有線放送の後六月）を超えて保存することができない。ただし、政令で定めるところにより公的な記録保存所において保存する場合は、この限りでない。

第2節　許諾がなくても著作物が利用できる場合と種類

㉓原作品の所有者はこれを展示することができる

美術の原作品の所有者やその者の同意を得た者は、公園や建造物の外壁など屋外に常時設置するのでない限り、その原作品を公に展示することができます。

油絵や彫刻といった美術の原作品であるとか、オリジナル・コピーといわれる写真の原作品を購入したりして所有者となった者は、著作権者の許諾を得なくても、公衆に直接見せるために、その原作品を展示することができます。

また、その所有者の同意を得た者も同様に展示することができます。

ただし、美術の原作品については、つぎの場合には著作権者の許諾がなければ展示することができません。

（1）街路、公園などの一般公衆に開放されている屋外の場所に恒常的に設置する場合。

（2）建造物の外壁などの一般公衆の見やすい屋外の場所に恒常的に設置する場合。

（注一）イラストレーションのように、印刷を目的として描かれた作品はその印刷用原画が原作品になります。

（注二）著作権法第二十五条は、著作者にまだ発行されていない写真の原作品を展示する権利（展示権）を与えています。未発行であることが条件ですから、写真集などで公表されたものについては、著作者は展示権を行使することができませんから注意してください。

◆参照条文（美術の著作物等の原作品の所有者による展示）

著作権法第四十五条　一項　美術の著作物若しくは写真の著作物の原作品の所有者又はその同意を得た者は、これらの著作物をその原作品により公に展示することができる。

二項　前項の規定は、美術の著作物の原作品を街路、公園その他一般公衆に開放されている屋外の場所又は建造物の外壁その他一般公衆の見やすい屋外の場所に恒常的に設置する場合には、適用しない。

◆参照条文（展示権）

著作権法第二十五条　著作者は、その美術の著作物又はまだ発行されていない写真の著作物をこれらの原作品により公に展示する権利を専有する。

第2節　許諾がなくても著作物が利用できる場合と種類

㉔ 屋外に常時設置されている美術の原作品の利用

屋外の場所に常時設置されている彫刻などの美術の原作品は、絵はがきなどにして販売する場合などを除き、撮影、放送その他の利用ができます。

街路、公園などの一般公衆に開放されている屋外の場所や建造物の外壁などの一般公衆の見やすい屋外の場所に恒常的に設置されている美術著作物（絵画、彫刻、版画など）の原作品は、一定の場合を除いて、どのような方法で利用してもかまいません。利用するのに著作権者の許諾が必要になる一定の場合としては、

（1）屋外に常時設置されている彫刻と同じ彫刻を作成、譲渡する場合。

（2）屋外に常時設置されている彫刻や絵画などを写真に撮ったものや絵に描いたものなどを屋外の場所に常時設置する場合。

（3）絵はがきやポスターなどにして販売するために複製する場合。

などです。もし、（1）から（3）のいずれかを著作権者に無断で行うと著作権侵害となります。（3）については、彫刻など（屋外に常時設置されている美術作品であることに注意）が、絵はがきやポスターの風景のほんの一部分として利用されているに

すぎない場合には問題ありません。なお、慣行があるときには著作物の出所を明示しなければなりません（著作権法第四十八条一項三号）。

◆参照条文（公開の美術の著作物等の利用）

著作権法第四十六条　美術の著作物でその原作品が前条第二項に規定する屋外の場所に恒常的に設置されているもの又は建築の著作物は、次に掲げる場合を除き、いずれの方法によるかを問わず、利用することができる。（筆者注記…第二号省略）

一号　彫刻を増製し、又はその増製物の譲渡により公衆に提供する場合。

三号　前条第二項に規定する屋外の場所に恒常的に設置するために複製する場合。

四号　専ら美術の著作物の複製物の販売を目的として複製し、又はその複製物を販売する場合。

◆参照条文（出所の明示）

著作権法第四十八条　一項　次の各号に掲げる場合には、当該各号に規定する著作物の出所を、その複製又は利用の態様に応じ合理的と認められる方法及び程度により、明示しなければならない。（筆者注記…第一号、第二号省略）

三号　第三十二条の規定により著作物を複製以外の方法により利用する場合又は第三十五条、第三十六条第一項、第三十八条第一項、第四十一条、第四十六条若しくは第四十七条の五第一項の規定により著作物を利用する場合において、その出所を明示する慣行があるとき。

第2節　許諾がなくても著作物が利用できる場合と種類

㉕ 建築の著作物の複製が認められる場合

建築の著作物は写真撮影したり、スケッチしたりしても著作権侵害にはなりません。

建築の著作物は写真撮影しても、絵に描いても、また、同じ模型を作成してもかまいませんが、建築によって複製することはできません。つまり、著作権者に無断で同一の建物を建てることはできないわけです。また、たとえ模型を作成する場合であっても、屋外の場所に常時設置するためであれば、著作権者の許諾が必要になります。

ところで、建築の著作物を絵はがきなどにして販売することが認められるかどうかについて問題があります。著作権法は公開の美術の著作物の複製物を販売するために複製してはいけないと規定しているわけですが（著作権法第四十六条四号）、学者のなかにはこれを類推もしくは拡張解釈して建築の著作物の場合も、販売目的の場合は利用できないと主張する人もいます。

しかし、著作権法はあえて美術の著作物と建築の著作物とを分けていますから

（著作権法第十条一項四号、五号）、この考えを採用することにはかなり無理がありそうです。（注一）さらに、建築の著作物であり、かつ美術の著作物にも属するものについては、販売目的の場合は利用が認められないとする人もいますが、この場合は美術の著作物でもあるわけですから解釈上問題ないのであって、建築の著作物の場合はどうかといった事柄とは無関係であるといえます。かといって、建物（建築の著作物）の所有者が、所有権に基づいて複製をやめさせることができるかどうかについても、所有権の性質からして無理がありそうです。

もちろん、他人の敷地内や建物の中に入って許可なく、その敷地の内部などを写真撮影することはできません。

なお、慣行があるときには著作物の出所を明示しなければなりません（著作権法第四十八条一項三号）。

（注一）　憲法第三十一条の罪刑法定主義の原則からしても問題があります（著作権法第百十九条参照）。

◆参照条文（公開の美術の著作物等の利用）

著作権法第四十六条　美術の著作物でその原作品が前条第二項に規定する屋外の場所に恒常的に設置されているもの又は建築の著作物は、次に掲げる場合を除き、いずれの方法によるかを問わず、利用することができる。（筆者注記…第一号、第四号省略）

二号　建築の著作物を建築により複製し、又はその複製物の譲渡により公衆に提供する場合。

三号　前条第二項に規定する屋外の場所に恒常的に設置するために複製する場合。

◆参照条文（出所の明示）

著作権法第四十八条　一項　次の各号に掲げる場合には、当該各号に規定する著作物の出所を、その複製又は利用の態様に応じ合理的と認められる方法及び程度により、明示しなければならない。（筆者注記…第一号、第二号省略）

三号　第三十二条の規定により著作物を複製以外の方法により利用する場合又は第三十五条、第三十六条第一項、第三十八条第一項、第四十一条、第四十六条若しくは第四十七条の五第一項の規定により著作物を利用する場合において、その出所を明示する慣行があるとき。

第2節 許諾がなくても著作物が利用できる場合と種類

㉖ 展示会での小冊子に作品を載せることができる場合

展覧会などの催しの主催者は、観覧者に解説や紹介をするために、出品された美術や写真の作品を掲載した小冊子を作成することができます。

美術館や展覧会などの主催者等は、展示している美術や写真の作品について観覧者に解説または紹介するための小冊子に、これら展示作品を掲載することができます。

ここで注意すべき点は、まず、その小冊子はあくまでも展示している作品について観覧者に解説または紹介することを目的としたものであって、その目的に即した掲載でなければならないという点です。ですから、一般の書店で販売されている美術本のようなものはここでいう小冊子には属しません。また、小冊子は観覧者に販売するのが一般的ですが、その冊数は観覧者の人数分程度が妥当であって、あまりにも多く小冊子を作成することには問題があります。（注一）

さらにもう一つ注意しなければならない点は、美術館や展覧会などの主催者等は、展示しようと思う原作品の所有者でない限り、著作権者や展示作品の所有者か

（注一）　212ページの「原作品の所有者はこれを展示することができる」の項を参照。

ら、展示してもよいという許諾あるいは同意を得ておくことが必要であるという点です。

なお、小冊子に展示作品を載せる場合には、その出所を明示しなければなりません(著作権法第四十八条一項一号)。

◆展覧会での小冊子の販売が問題となった事例

◉レオナール・フジタ小冊子事件(東京地裁平成元年一〇月六日判決、昭和六二年(ワ)第一七四四号)

どのような事件か

原告である藤田君代(以下Xと記す)は画家レオナール・フジタ(故藤田嗣治)の未亡人であり、相続により夫が残した多くの作品について著作権を取得した者です。ところで、被告である株式会社(以下Yと記す)は、昭和六一年十月から昭和六二年四月までの間、東京や大阪などでレオナール・フジタ展を開催した際、展覧会に展示している作品を「生誕100年記念　レオナール・フジタ展　Leonard Foujita」と題する書籍(以下、本件書籍と記す)に掲載して、これを展覧会場で販売しました。(注二)

このYの行為に対してXは、著作権侵害であるとして、損害賠償および本件書籍

(注二)　本件書籍の内容　本件展覧会の展示作品のみを掲載。本件展覧会およびレオナール・フジタの作品の紹介または解説を前段に、図版部を中段に、レオナール・フジタの年譜などの資料を後段にそれぞれ配置して構成している。図版部には、鑑定書と共に作品を掲載してあり、各作品ごとに、題名、著作年、画材、彫刻や模型の場合には材質、手法、署名の有無、位置、態様、作品の大きさ、作品の所有者名などの資料としての事項を例外なく記載してあり、七点の作品には説明が付されている。

の頒布の差し止めなどを請求したのが本件です。

なお、Yは、本件書籍は著作権者の許諾を得ないで一般に美術展で観覧者に複製、頒布されているカタログと同じものだから著作権侵害にはならない、と抗弁しました。（次ページの脚注「参考資料」参照）

裁判所はどう言っているのか

著作権法第四十七条にいう小冊子であるといえるためには、その作品の解説が主体となっているか、または作品についての資料的要素が多いことが必要です。また、鑑賞用の書籍として市場で取引される価値をもつとみられるものは、ここでいう小冊子とはいえません。本件書籍と同程度の、あるいは、それ以下の規格、紙質、作品の複製形態などをもった書籍が、鑑賞用の画集として市場で取引されていることからみて、本件書籍は、実質的に鑑賞用として市場で取引されている画集と同じものとみれますから、著作権法第四十七条にいう小冊子にはあたりません、と述べXの請求を一部認めました。(注三)

この事例における注意点

著作権法第四十七条の小冊子であれば、著作権者の許諾を得ていなくても著作権侵害にはなりません。

（注三）　裁判所が採った損害額算出基準。

（1）Yは、少なくとも過失によって本件著作権侵害行為をしたものと認められますが、損害の額であると推定される利益の額（筆者注記…侵害行為によって侵害者が得た利益の額は著作権者が受けた損害の額と推定されます。著作権法第百十四条一項参照）は、本件書籍の定価から作成原価を控除した額ではなくて、さらに広告費、人件費等の諸経費をも控除した額を利益の額と考えます。

（2）著作権の行使につき通常受けるべき金銭の額については（筆者注記…著作権法第百十四条二項参照）、本件書籍の定価の十パーセントの額が相当です。

美術館などは絵画や彫刻、写真などの現作品を展示する場合に、入館者（観覧者）のために、これらの展示作品を掲載して解説もしくは紹介することを目的とした展覧会カタログといった小冊子を作成することができるほか、さらに、解説、紹介のために必要と認められる範囲で、当該展示作品を美術館内でのＬＡＮを使用したディスプレイ（モニター）上での案内（上映）に利用したり、あるいは当該展示作品について観覧者に貸与などするタブレット型パソコンにインターネット送信ができるようになりました（著作権法第四十七条一項二項）。

また、美術館などは、このような作品を展示しているということを、一般公衆に対して知らせるために必要な範囲で、そのウェブサイト上に当該作品を載せたり、放送したりすることができます（著作権法第四十七条三項）。

いずれの場合であっても著作権者の利益を不当に侵す場合には認められません。

◆参照条文（美術の著作物等の展示に伴う複製等）

著作権法第四十七条　一項　美術の著作物又は写真の著作物の原作品により、第二十五条に規定する権利を害することなく、これらの著作物を公に展示する者（以下この条において「原作品展示者」という。）は、観覧者のためにこれらの展示する著作物（以下この条及び第四十七条の六第二項第一号において「展示著作物」という。）の解説若しくは紹介をすることを目的とする小冊子に当該展示著作物を掲載し、又は次項の規定により当該展示著作物を

（参考資料）

本件書籍　レオナール・フジタの作品の複製形態

規格　二四〇ミリ×二四〇ミリ、紙質　アート紙、装丁　フランス装、表裏表紙　厚手の上質アート紙を用いた金色の装丁、総頁数一四三頁。

最大　上記の規格に収まる程度に縮小されたもの。

最小　五五ミリ×八〇ミリ。

大部分が一頁の半分以上の大きさであり、原寸に近いものが八点、複製枚数百十三枚、複製頁数八九頁。

上映し、若しくは当該展示著作物について自動公衆送信（送信可能化を含む。同項及び同号において同じ。）を行うために必要と認められる限度において、当該展示著作物を複製することができる。ただし、当該展示著作物の種類及び用途並びに当該複製の部数及び態様に照らし著作権者の利益を不当に害することとなる場合は、この限りでない。

二項　原作品展示者は、観覧者のために展示著作物の解説又は紹介をすることを目的とする場合には、その必要と認められる限度において、当該展示著作物を上映し、又は当該展示著作物について自動公衆送信を行うことができる。ただし、当該展示著作物の種類及び用途並びに当該上映又は自動公衆送信の態様に照らし著作権者の利益を不当に害することとなる場合は、この限りでない。

三項　原作品展示者及びこれに準ずる者として政令で定めるものは、展示著作物の所在に関する情報を公衆に提供するために必要と認められる限度において、当該展示著作物について複製し、又は公衆送信（自動公衆送信の場合にあつては、送信可能化を含む。）を行うことができる。ただし、当該展示著作物の種類及び用途並びに当該複製又は公衆送信の態様に照らし著作権者の利益を不当に害することとなる場合は、この限りでない。（平成三一年一月一日施行）

第2節　許諾がなくても著作物が利用できる場合と種類

㉗コンピュータ・プログラムを所有者が複製できる場合

コンピュータ・プログラムを所有している者は、コンピュータに利用するために必要と認められる範囲で、これを複製したり翻案したりすることができます。

パーソナル・コンピュータ（パソコン）に使うためにプログラムソフトを購入した者、つまりコンピュータ・プログラム（プログラム著作物の複製物）を所有している者は、バック・アップ（注一）（ｂａｃｋ ｕｐ）のためにこれを複製したり、コンピュータに利用するために翻案したりすることができます。すなわちコンピュータに利用するのに必要と認められる限度でプログラムを複製または翻案することができるわけです。

ただし、これはあくまでも、プログラムの所有者自身がコンピュータを使用するにあたって必要な場合であって、他人に利用させるための複製は認められません。その場合には、当然、著作権者の許諾が必要になります。

プログラムの所有者は元のプログラム（プログラム著作物の複製物）やバック・アップのためなどで、これを複製したもののいずれかを他人に譲り渡したような場合、たとえば友人にあげた場合には、もう一方のプログラムを返却するか破棄するか

（注一）　バック・アップとは、元のプログラムが壊れた場合を想定して、前もって予備のプログラムを複製することをいいます。

しなければなりません。もしこれに違反して保存していると著作権者の複製権を侵害することになりますから注意してください。プログラムの使用については、契約書等をよく読んでおく必要があります。

また、バック・アップ用に複製したものを頒布したり、公衆に提示したりした場合も同様です（著作権法第四十九条一項四号、五号）。

レンタル・ショップなどのように貸与によりプログラムを公衆に提供した場合には、著作者の承諾を得ていなければ、貸与権の侵害にもなります（著作権法第二十六条の三）。

さらに、元のプログラムの翻案によって作成した二次的著作物を公衆に提示したり、その複製物を頒布した場合には翻案権の侵害になります（著作権法第四十九条二項一号）。

※プログラムの著作者の著作権を侵害する行為によって作られた複製プログラムであることを知っていて購入した者はこれを継続して自己の事務などのためにコンピュータに使用すると著作権侵害になるわけですが（著作権法第百十三条二項）、もちろん、その者はバック・アップのための複製や翻案も認められません。

プログラムの改変については著作権法第二十条二項三号に規定がありますが、これは著作者人格権侵害にならないための規定であって、ここでのプログラムの翻案についての説明は著作権（財産権）侵害にならない場合の事柄である点に注意してください。すなわち、著作権だけではなくて、著作者人格権の侵害にもならないように気を配る必要があるわけです（第2章第3節④「自分の作品に勝手に手を加えられない権利」を参照）。

◆**参照条文（プログラムの著作物の複製物の所有者による複製等）**

第四十七条の三　一項　プログラムの著作物の複製物の所有者は、自ら当該著作物を電子計算機において実行するために必要と認められる限度において、当該著作物を複製することができる。ただし、当該実行に係る複製物の使用につき、第百十三条第二項の規定が適用される場合は、この限りでない。

二項　前項の複製物の所有者が当該複製物（同項の規定により作成された複製物を含む。）のいずれかについて滅失以外の事由により所有権を有しなくなつた後には、その者は、当該著作権者の別段の意思表示がない限り、その他の複製物を保存してはならない。

◆**参照条文（侵害とみなす行為）**

著作権法第百十三条　二項　プログラムの著作物の著作権を侵害する行為によつて作成された複製物（当該複製物の所有者によつて第四十七条の三第一項の規定により作成された複製物並びに前項第一号の輸入に係るプログラムの著作物の複製物及び当該複製物の所有者によつて同条第一項の規定により作成された複製物を含む。）を業務上電子計算機において使用する行為は、これらの複製物を使用する権原を取得した時に情を知つていた場合に限り、当該著作権を侵害する行為とみなす。

なお、同一性保持権の侵害とならない改変として、つぎの例があげられます。

◆参照条文（同一性保持権）

著作権法第二十条　二項　前項の規定は、次の各号のいずれかに該当する改変については、適用しない。

三号　特定の電子計算機においては実行し得ないプログラムの著作物を当該電子計算機において実行し得るようにするため、又はプログラムの著作物を電子計算機においてより効果的に実行し得るようにするために必要な改変。

コピー・ガード等の回避に対する規制

映画のビデオソフトやDVDソフトには、マクロビジョン方式(疑似シングルパルス方式)といって、ビデオデッキによるダビング(録画複製)ができないような仕組みになっています、たとえば、通常のアナログ録画用のデッキでは映像が乱れ、デジタル用のものでは録画ができないように機器が停止するわけです。さらに、DVDのようなデジタル録画媒体にあっては、CGMS(Copy Generation Management System)という方式が登場し、デジタル録画について複製ができないようになっています。また、音楽に関しては、CDやMDといったデジタル録音媒体につき、SCMS(Serial Copy Management System)という方式によって、たとえば音楽CDをMDに録音した場合には、そのMDを用いてさらに他のMDに録音することができないわけです。

しかし、ダビングを可能にするために、これらコピー・ガードなど技術的保護手段(著作権法第二条一項)に用いられている信号を除去したり改変したりするキャンセラー(回避装置)が出回っていることで、これに対する規制が必要になるわけです(著作権法第三十条一項二号)。そこで著作権法は、これを回避する装置やプログラムを公衆に譲渡、貸与した者や、譲渡等の目的で製造したり、輸入したりした者、さらには、そういったプログラムをインターネットを利用して公衆送信したりした者に対して刑事罰を科しています(著作権法第百二十条の一号、二号、および不正競争防止法第二条一項十一号、十二号も参照のこと)。

第4章

著作物の出版

ここでは出版権について平成26年に改正がなされた事柄について詳述しています。つまり電子出版という手法が多く採り入れられるようになったことで、これも出版権の対象に含まれました。

これにより従来の紙媒体としての出版のほかに、CD-ROMなどのパッケージ系電子出版やインターネットを通じて送信するネットワーク系電子出版なども契約により出版権を設定することができます。

第2節では俳優や楽器の演奏家、放送局や音楽CD制作者などが有する著作隣接権について触れ、実演家の人格権としての氏名表示権、同一性保持権についても解説しています。

また、トラブルの解決法やインターネット利用における著作権法の関わりについて若干説明するなどして便宜を図るようにしています。

第1節　出版権と契約

① 出版権とはどのような権利か

複製権または公衆送信権を有する者（複製権等保有者）は出版者との間で紙媒体による出版やCD-ROMなど電子媒体を利用した電子出版、インターネット配信による電子出版を行う権利としての出版権を設定契約することができます。

出版権は出版者と複製権等保有者との間の契約によって発生します。

なお、文化庁に対する出版権の設定の登録は、出版権が発生するための要件ではなく、第三者に正当な出版権者である旨を主張するための要件です。これを第三者対抗要件といいます（著作権法第八十八条）。

出版権設定登録は、出版権者（登録権利者）と複製権等保有者（登録義務者）が共同で申請するか、登録権利者が単独で申請することもできます。

◆参照条文（出版権の設定）

著作権法第七十九条　一項　第二十一条又は第二十三条第一項に規定する権利を有する者（以下この章において「複製権等保有者」という。）は、その著作物について、文書若しくは図画として出版すること（電子計算機を用いてその映像面に文書又は図画として表示されるようにする方式により記録媒体に記録し、当該記録媒体に記録された当該著作物の複製物により頒布することを含む。次条第二項及び第八十一条第一号において「出版行為」という。）又は当該方式により記録媒体に記録された当該著作物の複製物を用いて公衆送信（放送又は有線放送を除き、自動公衆送信の場合にあつては送信可能化を含む。以下この章において同じ。）を行うこと（次条第二項及び第八十一条第二号において「公衆送信行為」という。）を引き受ける者に対し、出版権を設定することができる。
二項　複製権等保有者は、その複製権又は公衆送信権を目的とする質権が設定されているときは、当該質権を有する者の承諾を得た場合に限り、出版権を設定することができるものとする。（平成二六法三五・一項二項一部改正）

◆出版権はどれぐらいの期間存続するのか（出版権の存続期間）

出版権の存続期間は、当事者間で決めます。

当事者間で存続期間を定めなかった場合は、その設定契約後最初の出版行為または公衆送信行為（出版行為等）があった日から三年を経過した日に消滅します（著作権法第八十三条）。

◆出版権の内容

一、出版権者はつぎの権利の全部または一部を有し排他的に利用することができます（著作権法はこれを「専有」と称しています）（著作権法八十条一項一号、二号）。

（1）頒布のために文書や図画（絵画、漫画など）を原作のまま紙媒体に印刷したり、CD-ROMやDVD-ROMなど電子媒体に記録するなどして複製する権利（著作権法はこれを「**第一号出版権者**」と称します）。

（2）パソコン等のディスプレイ上に文書または図画を原作のまま表示するためにデジタル複製したものをインターネット送信する権利（自動公衆送信権。送信可能化権を含みます。著作権法はこれを「**第二号出版権者**」と称します）。

従来の印刷物として出版するための出版権または電子出版権のいずれか、あるいはその両方の権利を有するかどうかは当事者で決めることになります。海賊版対策の観点から両方の権利を有するほうが出版者としては有利になります。

また、（2）に関しては、ネット送信するための複製についての権利はありませんが、当該送信（公衆送信権）に対する侵害の停止または予防の請求をすることができます（差止請求。著作権法第百十二条）。

二、複製権等保有者はつぎの場合には、当該出版権の対象である著作者の作品（著作物）についてのみ全集その他の編集物として複製することができ、公衆送信権を有していれば公衆送信を行うことができます（著作権法第八十条二項）。
（1）出版権の存続期間中に当該作品（著作物）の作家（著作者）が死亡したとき。
（2）出版権の設定後最初の出版行為等（出版行為または公衆送信行為）があった日から三年を経過したとき（ただし、設定契約（行為）に別段の定めがある場合はこの限りではありません）。

三、出版権者は、複製権者の承諾があれば、その出版権の目的である作品（著作物）の複製を他人（第三者）に対して許諾することができます。また、公衆送信権者の承諾が得られれば第三者に公衆送信を許諾することができます。

四、著作者は、つぎの場合には、正当な範囲内において、出版権の対象となっている自己の作品（著作物）を修正・増減することができます。
（1）その著作物を第一出版権者があらためて複製する場合
この場合にあって第一号出版権者はあらかじめ著作者に通知しなければなりません。
（2）その著作物について第二号出版権者が公衆送信する場合

負います。

五、出版権者の義務

出版権者は、出版権設定契約行為に別段の定めがある場合を除き、つぎの義務を負います。

(1) 第一号出版権者の義務

（イ）複製権等保有者から原稿その他の原品もしくはこれに相当する物の引渡しがあった日から、または、CD-ROMなどの電磁的記録の提供を受けた日から六か月以内に当該作品（著作物）について出版行為を行う義務。

（ロ）当該著作物について慣行に従い継続して出版行為を行う義務。

(2) 第二号出版権者の義務

（イ）複製権等保有者から公衆送信を行うために必要な原稿その他の原品もしくはこれに相当する物の引渡しがあった日から、または、DVDなどの電磁的記録の提供を受けた日から六か月以内に公衆送信行為を行う義務。

（ロ）当該著作物について慣行に従い継続して公衆送信行為を行う義務。

六、出版権を消滅させるための請求（著作権法第八十四条）

出版権者が前述の「出版権者の義務」（1）（イ）または（2）（イ）に違反したときは、その旨を通知して出版権を消滅させることができます。

出版権者が「出版権者の義務」（1）（ロ）または（2）（ロ）に違反したときは、三か月以上の期間を定めて履行を催促してもそれがなかったときは、その旨を通知して出版権を消滅させることができます。

なお、これらとは異なり、複製権等保有者である場合の著作者は、その作品の内容が自己の確信に適合しなくなったと感じたときは、出版権者にその旨を通知して出版権を消滅させることができますが、これにより出版権者に社会通念上一般的に見て生じるであろう（通常生ずべき）損害をあらかじめ賠償しなければなりません。

七、出版権の制限

著作権と同様に、著作権法は文化の発展に寄与するためにいくつかの制限を出版権についても設けています。平成二六年著作権法改正では電子出版権が創設されたこともあり、これに対応して、出版権の対象となっている著作物の複製や公衆送信に関して制限規定を設けることとなりました（著作権法第八十六条）。

たとえば視覚障害のある児童および生徒の学習に役立たせるために文字、図形等を拡大して検定教科用図書等を複製した図書（教科用拡大図書）である教科用特定図書の発行者に対して文部科学大臣等は、その発行に必要な電磁的記録の提供を行うことができることになっているのですが、著作権法は、その提供のために必要と認められる範囲を限度として、当該著作物を利用することができると規定することで出版権に制限を設けています（障害のある児童及び生徒のための教科用図書等の普及の促進等に関する法律（平成二十年法律第八十一号）第五条一項又は二項。著作権法第三十三条の二　一項、四項）。

◆参照条文（出版権の内容）

第八十条　一項　出版権者は、設定行為で定めるところにより、その出版権の目的である著作物について、次に掲げる権利の全部又は一部を専有する。

一号　頒布の目的をもつて、原作のまま印刷その他の機械的又は化学的方法により文書又は図画として複製する権利（原作のまま前条第一項に規定する方式により記録媒体に記録された電磁的記録として複製する権利を含む。）。

二号　原作のまま前条第一項に規定する方式により記録媒体に記録された当該著作物の複製物を用いて公衆送信を行う権利。

二項　出版権の存続期間中に当該著作物の著作者が死亡したとき、又は、設定行為に別段の定めがある場合を除き、出版権の設定後最初の出版行為又は公衆送信行為（第八十三条第二項及び第八十四条第三項において「出版行為等」という。）があつた日から三年を経過したときは、複製権等保有者は、前項の規定にかかわらず、当該著作物について、全集その他の編集物（その著作者の著作物のみを編集したものに限る。）に収録して複製し、又は公衆送信を行うことができる。

三項　出版権者は、複製権等保有者の承諾を得た場合に限り、他人に対し、その出版権の目的である著作物の複製又は公衆送信を許諾することができる。

四項　第六十三条第二項、第三項及び第五項の規定は、前項の場合について準用する。この場合において、同条第三項中「著作権者」とあるのは「第七十九条第一項の複製権等保有者及び出版権者」と、同条第五項中「第二十三条第一項」とあるのは「第八十条第一項（第二号に係る部分に限る。）」と読み替えるものとする。

（平成二六法三五・一項柱書二項三項一部改正一項一号二号四項追加）

※出版権の設定、消滅等は、これを文化庁に登録しなければ第三者に対抗できません（注一）（著作権法第八十八条。これについては108ページの「著作権の譲渡の登録」の解説の箇所を参考にしてください）。

◆関連条文

著作権法第七十九条から第八十八条まで。

なお、日本書籍出版協会では、『出版等契約書ヒナ型（電子出版対応）』『電子出版契約書ヒナ型』『著作物利用許諾契約書ヒナ型（電子出版対応）』（注二）の三つのヒナ形を用意しています。

（注一）
連絡先　文化庁著作権課
〒100-0013
東京都千代田区霞が関3-2-2
☎：03-3581-4211

（注二）　出版権設定契約の書式については、特に定められていませんが、日本書籍出版協会では、上記の三つの出版契約のヒナ型を作成しています。
連絡先　日本書籍出版協会
〒101-0051
東京都千代田区神田神保町1-32　出版クラブビル5階
☎：03-6273-7061（代表）

第1節　出版権と契約

②　著作者と出版者との間で結ばれる契約の種類

著作権者と出版者との間で結ばれる契約には、出版許諾契約や出版権設定契約などがあります。

書物等を出版する場合に著作権者と出版権者との間で結ばれる契約としては、出版許諾契約、出版権設定契約、著作権譲渡契約等があります。

出版許諾契約については次ページ「出版許諾契約とは何か」、132ページの「他人の著作物を利用するにはどうしたらよいか」の項を、出版権設定契約については、230ページの「出版権とはどのような権利か」の項を、そして著作権譲渡契約については、107ページの「著作権は他人に譲ることができる」の項をそれぞれご覧ください。

第1節　出版権と契約

③ 出版許諾契約とは何か

出版許諾契約というのは、著作権者が出版者に対して作品を出版することを承諾し、出版者がこれを出版することを約束することによって成立する契約をいいます。

一、出版許諾契約(注一)は著作権者と出版者との間で締結されます。

著作権者は自身が著作権を有する作品を出版しても良いとの承諾をし、出版者は、出版について自身が経済的な危険を負担して、その作品を出版することを約束することにより、出版許諾契約は成立します。ですから口頭によるものであっても成立します。とはいえ、後でもめごとが起こった場合に、どういう内容の契約をしていたかを立証することが困難ですから、契約書を作成するようにしましょう。そのほうがお互い慎重になり、いい加減なことはしないでしょうし、取引の安全を図ることができるのです。

なお、著作権者が出版者に渡した原稿の返還については、その原稿に著作権者の所有権がある限り、出版者に対して原稿の返還を求めることができます(注二)。

(注一)　第3章第1節①「他人の著作物を利用するにはどうしたらよいか」(132ページ)をご覧ください。また、第4章第1節①「出版権とはどのような権利か」(230ページ)をご参照ください。

(注二)　契約で原稿の所有権を出版者に移転した場合は返還請求できません。

二、出版許諾契約は契約期間の満了、相手方が義務を履行しないことによる解除などにより終了します。

※複製権（著作権）の侵害が行われていても、出版者には何もできないため、書物等の版面（テクスト）について、なんらかの権利をもたせることで、こういった侵害に対処できるようにしようと「版面権」という権利が主張されましたが、頒布を目的としない複写利用について、報酬請求権という形が考えられるに至り、不当な複製に対処するための機関として、一九九一年九月三〇日に、「日本複製権センター（注三）」の前身である日本複写権センターが設立されました。

出版者は著作権者との出版契約において書物等の版面を利用した複写に関する権利を委託する旨の契約書を作成する方向で動いており、これによって出版者から日本複製権センターに委託するようになっています。

同センターはコピー利用者から使用料を徴収し、無断コピーの防止を図るため活動しています（児玉晴男『ハイパーメディアと知的所有権』信山社出版プロモーション、四六頁参照）。

（注三）　頒布を目的とする複写について、出版社の許諾を得ないで行った複写については出版権並びに著作権の侵害になります。

日本複製権センター
〒107-0061
東京都港区北青山3-3-7
第一青山ビル
☎：03-3401-2382

なお、著作物の複製権の管理委託については、出版者著作権管理機構があります。

〒107-0051
東京都千代田区神田神保町1-32　出版クラブビル
☎：03-5244-5088

第2節　著作隣接権

①俳優や演奏家などのもつ著作隣接権とは

俳優や演奏家といった実演家は録画権、録音権、放送権などの著作隣接権という権利をもっています。

実演家(注一)は作品を創作するのではなく著作物を利用する者であるわけですが、その作品を大勢の人達に知らせるという役割を担っており、しかも、演技や演奏といった形において精神的な創作がなされているわけです。そういったことから、著作権ではなく、これに近い権利を実演家に与えることによって保護する必要があり、それが著作隣接権といわれる権利なのです。

一、実演家はまず、録音権、録画権という権利をもっています

実演家は自分の実演を録音したり、録画したりすることについて排他的な権利をもっており、それが録音権、録画権といわれるものです。ですから、実演を録音なり、録画なりしようとする者やすでに録音または録画されているものを増製しようとする者は、その実演家の許諾を得なければなりません(著作権法第九十一条一項)。

(注一)　ここで実演家というのは、俳優、歌手、演奏家、舞踊家その他実演を行う者や、オーケストラの指揮者、演出家といった者をいいます。なお、著作物を演じるのではない、ものまね、奇術、曲芸といったものも実演になりますから、奇術師や曲芸師といった人達も実演家となります。また、玄人でなくても、つまり素人であっても実演家となります(著作権法第二条一項三号、四号)。

以上のことから、たとえば、バイオリニストの演奏をＣＤに録音しようとする者は、そのバイオリニストの許諾を得なければなりませんし、ＣＤの売れ行きが良くて、ＣＤを増製する場合においても、その許諾が必要となるわけです。（注二）ところが、俳優などの実演家が映画に出演することを許諾した場合には、その映画の複製を行うにあたって許諾を得なくても良いことになっています。この点が、俳優にとっては不利なところであり、今後改正されるべきでしょうが、実演家等保護条約との関係で難しい問題があります。（注三）

二、つぎに実演家は、放送権、有線放送権という権利をもっています

実演家は自分の演技などの実演を放送したり、あるいは有線放送したりする排他的な権利をもっています。ですから、俳優の演技など実演を放送または有線放送しようと思う者は、その実演家の許諾を得なければなりません（著作権法第九十二条一項）。

ところで、つぎの場合には実演家の許諾がなくても良いことになっています。

（1）放送される実演を同時に有線放送する場合。

（2）実演家（実演家が著作隣接権を譲渡している場合には、これを譲り受けた権利者）の許諾を得て録音または録画されている（注四）実演を放送（または有線放送）する場合。

（3）実演家の利用許諾を得て映画に録音または録画されている実演を放送（また

（注二）　映画フィルムのサウンド・トラックから主題曲などをＣＤに録音しようとする場合、つまりサウンド・トラック盤を作成するような場合には、その実演家の許諾が必要になります。

（注三）　著作権法第九十一条二項。実演家、レコード製作者及び放送機関の保護に関する条約（ローマ条約）第七条二項。

（注四）　映画のプリントだけでなくビデオフィルムも含みます。

は有線放送）する場合。（注五）

三、実演家は、その実演を送信可能化する権利を有します（注六）

（著作権法第九十二条の二　一項）

四、実演家は以上のほかに、貸与権、報酬請求権、商業用レコードの二次使用料請求権といった権利をもっています

実演家は、演奏などの実演が録音されているＣＤなどの商業用レコードを貸与することにより公衆に提供する権利をもっており、この権利を貸与権といいます（著作権法第九十五条の二）。ですから、貸レコード屋のように商業用レコードを貸与したい者は、その実演家から許諾を得る必要があります。

なお、この貸与権は、国内外を問わず、最初に販売された日から十二か月を経過すると行使することができなくなり、代わりに報酬請求権（注七）という権利を行使することになります（著作権法第九十五条の二　二項、三項）。この権利は営利を目的としない、そして料金をもらうのではない貸与に対しては行使できません。すなわち、貸レコード業者が、最初に販売された日から十二か月を経過した商業用レコードを客に貸与した場合に、実演家は報酬請求をすることができるわけです。ところで、報酬請求権は、日本芸能実演家団体協議会が行使できることになっています。

（注五）　音をもっぱら映像とともに再生することを目的とするものを除いた、サウンド・トラック盤のような録音物に録音されたものは放送等できません。権利者の許諾が必要となります。

（注六）　送信可能化権については、第4章第4節「インターネットと著作権法」を参照（270ページ）。

（注七）　報酬請求権は著作隣接権ではなく、人に対する請求権である債権とみられています。

放送事業者や有線放送事業者（ミュージック・サプライ業者）が、実演家の許諾を得て、演奏等の実演を録音した商業用レコードを用いて放送または有線放送を行った場合には、実演家はその事業者に対して二次使用料の支払いを求めることができ、この場合の権利を二次使用料請求権といいます（著作権法第九十五条一項）。（注八）ただし、国内における実演家の団体で文化庁長官が指定するものがある場合には、その団体によってしか二次使用料請求権を行使することができません（著作権法第九十五条四項）。そして、この団体としては、社団法人日本芸能実演家団体協議会があります。

（注八）　二次使用料請求権は著作隣接権ではありません。

五、実演家が有する著作隣接権の保護期間は実演を行った日の翌年から七十年です

たとえば、二〇〇八年の一月一日に実演を行った場合には、著作隣接権は、二〇七八年の一二月三一日まで存続します（著作権法第百一条一号）。

六、実演家の人格権

実演家も、著作者人格権に似た、つぎの二種類の人格権を有します。これを総称して実演家人格権といいます。

（1）実演家の氏名表示権

俳優などの実演家は、劇を演じたり、バレエを踊ったり、歌ったり、漫才や落語、あるいは物まねやマジックといった実演を行う場合に、その氏名や芸名などを実演家名として表示するか、しないかを決定する権利を有します。

なお、レストランなどでバイオリン演奏などのＢＧＭ音楽を流す場合などのように、目的等に照らして、「実演家の利益を害するおそれがないとき」または「公正な慣行に反しないとき」は氏名表示権の侵害にはなりません。

◆参照条文（氏名表示権）

著作権法第九十条の二　一項　実演家は、その実演の公衆への提供又は提示に際し、その氏名若しくはその芸名その他氏名に代えて用いられるものを実演家名として表示し、又は実演家名を表示しないこととする権利を有する。

三項　実演家名の表示は、実演の利用の目的及び態様に照らし実演家がその実演の実演家であることを主張する利益を害するおそれがないと認められるとき又は公正な慣行に反しないと認められるときは、省略することができる。

（2）実演家の同一性保持権

実演家は、その名誉または声望を害するような実演の変更、削除等の改変を受けない権利を有します。ただし、実演の性質や利用の目的等からして「やむを得ない改変」または「公正な慣行に反しない」改変の場合には侵害とはなりません。

◆参照条文（同一性保持権）

著作権法第九十条の三　一項　実演家は、その実演の同一性を保持する権利を有し、自己の名誉または声望を害するその実演の変更、切除その他の改変を受けないものとする。

二項　前項の規定は、実演の性質並びにその利用の目的及び態様に照らしやむを得ないと認められる改変又は公正な慣行に反しないと認められる改変については、適用しない。

第2節　著作隣接権

② レコードの製作者は、レコードの著作隣接権を有する

レコード製作者は、レコードの複製権、貸与権といった著作隣接権をもっています。

レコードやCD、あるいはテープといったものに最初に録音した者、つまり、その原盤を製作した者が、ここでいうレコード製作者であって、既存の音楽テープやCDから音を別のテープなどに録音した者はレコード製作者とはいえません（著作権法第二条一項五号、六号）。

一、複製権（著作権法第九十六条）

レコード製作者は、レコードを複製する権利をもっています。ですから、レコード製作者は、リプレスしたり、レコードをステレオなどで再生した場合の音を録音したりすることができます。また、無断でレコードを複製する者に対しては、差し止め請求や損害賠償請求をすることができます（注一）（著作権法第百十二条、第百十四条）。

（注一）　個人や家庭内といった私的使用を目的として録音する場合は複製権を侵害することにはなりません。方式主義を採用している国で、わが国のレコードに対しても保護を受けようとする場合には、表示を付する必要があります。表示は、「Phonogram の頭文字を採ったⓟ記号に、レコード製作者としての権利を持つ者の名称および最初の発行の年（西暦でも良い）を併記することでなされます。「許諾を得ないレコードの複製からのレコード製作者の保護に関する条約」第五条。

二、送信可能化権（第4章第4節「インターネットと著作権法」を参照）
レコード製作者は、そのレコードを送信可能化する権利を有します（著作権法第九十六条の二）。

三、商業用レコードの二次使用料請求権（著作権法第九十七条）
ＦＭ放送局などが商業用レコードを使って放送（有線放送も含まれます）した場合には、そのレコードの製作者に対して二次使用料を支払わなければなりません。（注二）ところで、日本国内で商業用レコードの製作を業とする者の相当数を構成員とする団体（その連合体を含みます）は、その同意に基づいて、文化庁長官の指定を受けることができた場合は、その団体だけが二次使用料請求権（注三）を行使することができます（著作権法第九十七条三項）。

四、貸与権（著作権法第九十七条の三）
レコード製作者は、商業用レコードを貸与することにより公衆に提供する権利をもっており、この権利を貸与権といいます（著作権法第九十七条の三　一項）。貸レコード（レンタルＣＤ）店を営もうとする者は、レコード製作者から許諾を得なければ著作隣接権の侵害になります。

なお、この貸与権は、国内外を問わず、最初に販売された日から十二か月を経過

（注二）　ただし、モナコや韓国などのようにレコード保護条約にのみ加盟しており、実演家等保護条約に加盟していない国のレコード製作者に対しては二次使用料を請求することができません。

（注三）　二次使用料請求権も報酬請求権も著作隣接権ではありません。具体的には、日本レコード協会があります。

すると行使することができなくなり、代わりに報酬請求権という権利を行使することになります（著作権法第九十七条二項、三項）。この権利は営利を目的としない、そして料金をもらうのではない貸与に対しては行使できません。すなわち、貸レコード業者が最初に販売された日から十二か月を経過した商業用レコードを客に貸与した場合に、レコード製作者は報酬請求をすることができるわけです。（注四）

保護期間

その音を最初にレコード等に録音（固定）した日の翌年から七十年です（著作権法第百一条二号）。

◆参照条文
著作権法第九十六条、第九十六条の二、第九十七条、第九十七条の三。なお、譲渡権については、第九十七条の二を参照。

（注四）　報酬請求権は日本レコード協会が行使できることになっております。

第2節　著作隣接権

③放送事業者は著作隣接権という権利をもつ

放送事業者は、放送の録画権、録音権、再放送権などの著作隣接権をもっています。

放送事業者はつぎの権利を有しています。（注一）

一、**録音権と録画権**（著作権法第九十八条）
放送事業者は、その放送を受信して、放送されている音や映像を録音したり、録画したりすることができます。ですから、個人や家庭などで私的に利用する場合以外には、その放送事業者の許諾を得なければ、無断でその放送を録画なり、録音なりすることができません。

二、**写真その他これに類似する方法による複製権**（著作権法第九十八条）
放送事業者は、その放送しているテレビ画面から画像を写真撮影する権利をもっています。個人や家庭などで私的に利用する場合以外には、その放送事業者の許諾

（注一）　ここでいう放送事業者には、有線放送事業者は含まれません（著作権法第二条一項九号、九の三参照。有線放送事業者の権利については253ページの「有線放送事業者は著作隣接権という権利をもつ」をご覧ください）。

を得なければ、無断でテレビ画面を写真撮影することができません。

三、再放送権と有線放送権（著作権法第九十九条）

放送事業者は、その放送を受信して再放送したり、有線放送したりすることのできる権利をもっています。

ただし、有線テレビジョン放送事業者であって、総務大臣が指定する難視聴区域において、有線テレビジョン放送法によってテレビ放送を受信してこれを有線放送しなければならない場合には許諾はいりません（放送法第十一条）。

四、テレビジョン放送伝達権（著作権法第百条）

放送事業者は一般家庭用のものとは違った非常に大きなテレビ受像機など、映像を拡大する特別の装置を使って、その放送を公衆に視聴させる権利をもっています。

保護期間

放送を行った日の翌年から七十年です（著作権法第百一条三号）。

◆参照条文（複製権）
著作権法第九十八条　放送事業者は、その放送又はこれを受信して行なう有線放送を受信して、その放送に係る音又は影像を録音し、録画し、又は写真その他これに類似する方法により複製する権利を専有する。

◆参照条文（放送権及び有線放送権）
著作権法第九十九条　一項　放送事業者は、その放送を受信してこれを再放送し、又は有線放送する権利を専有する。
二項　前項の規定は、放送を受信して有線放送を行なう者が法令の規定により行なわなければならない有線放送については、適用しない。

◆参照条文（テレビジョン放送の伝達権）
著作権法第百条　放送事業者は、そのテレビジョン放送又はこれを受信して行なう有線放送を受信して、影像を拡大する特別の装置を用いてその放送を公に伝達する権利を専有する。

第2節　著作隣接権

④有線放送事業者は著作隣接権という権利をもつ

有線放送事業者は放送権、再有線放送権などの著作隣接権をもっています。

有線放送事業者はつぎの権利を有しています。

一、**録音権と録画権**（著作権法第百条の二）

有線放送事業者は、その有線放送を受信して、有線放送されている音や映像を録音したり、録画したりすることができます。

二、**写真その他これに類似する方法による複製権**（著作権法第百条の二）

有線放送事業者は、その有線放送しているテレビ画面から画像を写真撮影する等の権利をもっています。

三、**放送権と再有線放送権**（著作権法第百条の三）

有線放送事業者は、その有線放送を受信して放送したり、再有線放送したりすることのできる権利をもっています。

四、有線テレビジョン放送伝達権（著作権法第百条の四）

有線放送事業者は一般家庭用のものとは違った非常に大きなテレビ受像機など、映像を拡大する特別の装置を使って、その有線テレビジョン放送を公衆に視聴させる権利をもっています。

保護期間

有線放送を行った日の翌年から七十年です（著作権法第百一条四号）。

◆参照条文（複製権）
著作権法第百条の二　有線放送事業者は、その有線放送を受信して、その有線放送に係る音又は影像を録音し、録画し、又は写真その他これに類似する方法により複製する権利を専有する。

◆参照条文（放送権及び再有線放送権）
著作権法第百条の三　有線放送事業者は、その有線放送を受信してこれを放送し、又は再有線放送する権利を専有する。

第2節　著作隣接権

⑤ 著作隣接権の保護期間は七十年である

実演家のもつ著作隣接権の保護機関は、その演奏などが行われたときから七十年である。

一、著作隣接権の保護期間は、実演を行ったときから、レコード等については、その音を最初に固定（録音）したときから、また放送では、その放送を行ったとき（有線放送はその有線放送を行ったとき）から始まり、その行為が行われた日の属する年の翌年から起算して七十年を経過するまで存続します（著作権法第百一条）。たとえば、二〇〇八年の四月一日に実演を行った場合には、著作隣接権は、二〇七八年の一二月三一日まで存続します。

第3節　トラブルの解決

① 作品がまねされた場合の解決方法

作品が勝手にまねされていると思ったならば、侵害にあたるかどうか判断し、警告書を送付するなどの適切な処置をとるようにしましょう。

一、「私の作品が勝手に利用されている」と思ったら

あなたの作品と同じものが、あなたの知らないうちに出回っていた。あなたはなんとかして侵害をやめさせたい。そんな時、あなたがとらなければならない行動は何か。これから、そのことについて説明することにします。

二、本当に侵害か

まず、あなたは本当に侵害されているのかどうかを確かめなければなりません。ただ筆のタッチが似ているといったような場合だけでは、それは著作権侵害であると主張することはできません。ですからここで、次のことをチェックしてみてください。

ケース1　あなたの作品がそっくりそのままコピーされていた場合

著作権侵害および氏名表示権の侵害の疑いがあります。

ケース2　あなたの作品の全部ではありませんが、その一部がそっくりそのままコピーされていた場合

著作権侵害および同一性保持権の侵害の疑いがあります。なお、「引用」として著作権の侵害にならないケースがあることに注意してください。また、氏名表示権の侵害にあたるかどうかも検討してみる必要があります。

ケース3　あなたの作品の全部あるいは一部がコピーされて、しかも部分的に変えられていた場合

たとえば、ひげを生やしていない肖像画にひげが付けられてコピーされたり、赤い衣服をまとった人物を描いたのに青い衣服に色が塗り変えられていた場合などです。著作権侵害および同一性保持権の侵害の疑いがあります。

ケース4　あなたの作品に非常によく似ているが、少しだけ違っているといったような場合

なお、これはさらにつぎのようなケースに分けられます。

(1)たとえば、あなたの絵が、そっくりまねされているが、模倣者の絵が下手《へた》な場合、著作権侵害の疑いがあります。

(2)ケース1の場合であって、そのために同業者やクライアントなどから「雑な仕事をしているね」などといわれ、誤認され、金銭的にも精神的にもダメージを受けた場合、不法行為として損害賠償請求や精神的な損害に対する賠償としての慰謝料《いしゃりょう》請求ができます(民法第七百九条、第七百十条)。

(3)たとえば、両目を開いた肖像画を描いたのに片目を閉じられてコピーされたとか、描いた黒目が右に寄った形でコピーされた場合など、ケース3を見てください。

(4)ミッキーマウスやサザエさんなどのようにキャラクターとして一般に知られている場合であって、まったく同じ絵ではないが、その絵を見ればあなたのよく知られているキャラクターであると誰もが見間違える場合。著作権侵害の疑いがあります。

(5)前項(4)の場合であって、それが人形などの商品に利用されていた場合。たとえば、ミッキーマウスの人形やミッキーマウスの絵のついた筆箱などです。著作権侵害の疑いがあります。なお、不正競争防止法に基づく主張ができる場合も考えられます。

(6)あなたの作品が別の表現方法などによって、まねされた場合。たとえば、写真を絵に描かれた場合とか、彫刻を絵にされたりその逆の場合などです。著作権（変形権）侵害の疑いがあります（注一）（著作権法第二十七条）。

（注一）　絵画を写真によって複製した場合は、変形権の侵害ではなくて、複製権の侵害になります。

ケース5　あなたが長年使用することによって、あなたの営業、あるいは商品を表すマークなどとして取引者や需要者などに知られている場合

たとえば、コカ・コーラの小瓶。これはアメリカのデザイナーが女性の身体にヒントを得て制作したものであるといわれていますが、この小瓶を見た人はすべてといっていいほどコカ・コーラの瓶であるとわかるようになるまでになっている場合等です（注二）。営業表示あるいは商品表示（商品等表示）として不正競争防止法によって保護されます。

（注二）　意匠権を取っていれば、意匠権侵害による賠償請求等をすることができます。

ケース6　契約した内容を超えて勝手にあなたの作品が利用されていた場合

たとえば、あなたがイラストレーションを絵はがきだけに使用することを認めたのに、無断でテレホンカードにも利用されていたというような場合です（契約書を交わさずに、口頭によるものであっても契約は成立しているわけですから、このことを主張することができます。しかし、証明するのに骨が折れることだけは覚悟しておいてください）。著作権侵害の疑いもあり、債務不履行となります。

あなたが以上に記したケースのどれかに該当していれば、つぎの行動に移ってください。

※侵害と思っても、著作権法が認める正当な使用の場合がありますから注意してください（著作権法第三十条以下）。侵害にあたるのかどうか、はっきり判断ができないケースでは、専門家に相談したほうがよいでしょう。

三、侵害だと判断したら

ケースの1～6に列挙した事柄にあてはまるようであれば、まずあなたは、手紙などによって、相手にあなたの意思を伝えてください。もちろん、電話でもよいし、会えるようであれば、直接会ってもよいでしょう（会話の内容はＩＣレコーダーに録音しておくと、あとあと証拠となります）。手紙を送るのであれば、それは内容証明郵便で、しかも配達証明付きにしてください。

内容証明は形式が必要です。（注三）

- 用紙はどのようなものであってもよい。
- 縦書きの場合は、用紙一枚につき、縦一行二十字以内で二十六行以内。横書きの場合は、用紙一枚につき、横一行十三字以内で四十行以内（または、一行二十六字以内で二十行以内）。

（注三）　電子内容証明（ｅ内容証明）もあります。

- 句読点（「。」や「、」）も字数に算入されます。
- 同文のものが三部必要です。一部は相手（受取人用）に送り、他の一部は郵便局が保管し、残りの一部はあなた（差出人）が保存するためです。
- ワープロでもよい。手書きの場合はカーボン紙をはさんで書いてもよいし、一部書いてあとはコピーしてもよい。
- 一枚では用件が書ききれない場合は複数（二枚以上）になってもよいのですが、複数で一部だということをはっきりさせるため、各々の用紙はのり（またはホチキス）でとじて、とじた部分にあなたの割印（契印）を押してください。
- 文字を新たに追加したり消したりするときは、訂正する行の上に「〇字加入」あるいは「〇字削除」と書いて印を押してください。〇は訂正した文字の数を記してください（下記の例示参照）。
- 見出し（たとえば、通知書）は別に書かなくてもよい。
- 普通の手紙と同じように書けばよい。本文のあとには、年月日、差出人（あなた）の住所氏名（氏名のあとに捺印している場合が多い。法律上は捺印しなくても効力には影響ない）、受取人（相手）の住所氏名を書くこと。
- 封筒は、表に受取人の住所氏名を、裏に差出人（あなた）の住所氏名を書くこと。封筒は確認のため郵便局に行くまで封をしてはいけません。
- 手紙の内容は、あなたの意思が相手にはっきりとわかるように書いてくださ

（例）

加入するときは、

（挿入）作

『著権法』

というようにする。

削除するときは、

『著作作権法』

というように二本の線を引く。

い。もし、あなたが話し合いによって決着を付けたいと思っているのであれば「私の作品とそちらの作品が同じだから○○侵害の疑いがあります。（ケース1～6参照）ですから、会って紳士的に話し合いたいから、いついつまでに連絡をください」といった内容の手紙を送るようにします。また、話し合いなど面倒くさいし、ただ相手がこれ以上侵害を行わなければ、それでいいという考えでしたら「私の作品の複製物の販売を直ちに中止しなさい」といったような内容の手紙を送ればよいのです。（注四）

・相手と話し合う機会を得たなら、相手に対してどうして欲しいのか、あなた自身の考えをはっきり言わなければなりません。内容によっては、あなた自身の主張を少し譲って、その代わりに相手にあなたの他の主張を認めさせるといったようなテクニックも必要になることがあるでしょう。いずれにしても、あなたが納得する方法で和解へともっていってください。

・話し合いがうまくいって、あなたの言い分が通ったら、必ずこのことを文章にしてもらうようにしましょう。そして、署名・捺印をもらうようにしましょう。あなたが文章にして相手の署名と印をもらうのでもかまいません。（注五）

四、相手が話し合いに応じない、かといって、まだ訴訟はしたくない

斡旋《あっせん》、調停、仲裁契約といった方法を採ることもできます。

（注四）　鉤括弧（「　」）内の文はそういう内容のことを書けばよいという意味ですから、実際にはもっと詳しく書いてください。また、「ですます調」でも「である調」でもかまいません。

（注五）　相手が文を作成する場合、話し合いで決まった内容どおりのことが書かれてあるか確認しておかなければなりません。また、抽象的でどのようにでも解釈できるような文や言葉は避けましょう。

◆斡旋について

問　「斡旋」とは？

答　斡旋委員が間に立って紛争を解決の方向へもっていこうとする制度で、著作権法（第百五条〜第百十一条）に規定されています。

問　斡旋委員は何人いてどんな人がなるのか？

答　三人以内の学識経験者によって構成されます。三人以内ですから、二人の場合もあります。委員には、著作権法などを研究している大学教員（一名）、著作権または工業所有権関係の事件を扱う弁護士（一名）、著作権に関する実務専門家（一名）といった人がなります。

問　手続きはどうすればいいのか？　また、手数料はいくらか？

答　つぎのことを記載した申請書を文化庁長官に提出しなければなりません。

（1）申請者であるあなたの氏名（名称、会社であれば代表者の氏名）、住所（居所）。

（2）相手の氏名（名称、会社であれば代表者の氏名）、住所（居所）。

（3）どういった内容の斡旋を求めるのか、そして、紛争の問題点や交渉経過の概要といった事柄。

(4)その他斡旋を行う場合に参考となる事柄(著作権法施行令第五十八条)手数料は事件一件につき四万六千円となっています(著作権法施行令第五十九条)。

申請を受けた長官は相手方にその旨を知らせて、斡旋に応じるかどうか書面で回答するように通知します。そして相手がこれに合意すればいよいよ斡旋が行われますが、そうでなければ、斡旋は開始されません。

いずれにせよ、斡旋は当事者が譲り合って合意する方向にもっていくものですから、委員の斡旋案をあなたか相手のどちらかが拒否したり、お互い譲り合わず解決しそうにないといった場合などには、斡旋が打ち切られることがあります。

◆仲裁契約

問　「仲裁契約」(注六)とは?

答　落語での長屋の住人、熊と八がけんかをしたとき、大家が間に入ってけんかをやめさせるのに似ています。ただ、この場合、けんかしている熊、八双方(当事者)に大家が仲裁に入って判断し、彼らがその判断に従うことに合意していなければなりません。

このように、両者が選んだ第三者(仲裁人)に間に入ってもらって、両者が解決を

(注六)　工業所有権(特許権、実用新案権、意匠権、商標権)並びにJPドメイン名の紛争処理については、日本知的財産仲裁センターがあります。
☎:03-3500-3793

その仲裁人の判断にゆだねるということを約束する契約を仲裁契約といいます（参照条文：仲裁法第二条一項）。

※仲裁人の判断は裁判所の判決と同じ効力をもつため、仲裁人は信頼できる人物でないと不利益を生じることもあるので、日本知的財産仲裁センターがあります。

◆調停

問　「調停」とは？

答　これは仲裁契約と似ていますが、仲裁人の役目をするのが調停人です。大岡政談の「三方一両損」の話に似ています。つまり、三両落とした町人とそれを拾った町人が互いに「その金はおまえの金だから受け取れない」といって埒《らち》が明かないときに、大岡越前守が、それに一両加えて、双方に二両ずつ渡し「三方一両の損」ということで決着をつけた話によく似ています。

調停では、大岡越前守の役割を果たすのが、各分野の専門家などで構成される調停委員で、それが仲介にあたって互いに譲歩させ合意に導くというものです。（注七）

五、　いままでのどの方法をとってもうまくいかなかった。もう訴訟しかない。

問　私の絵が勝手に複製されてポスターとして販売されている。訴訟では時間

（注七）　著作権法関係の事件は専門家が少ないため、前述の日本知的財産仲裁センターに相談するのがよいでしょう。

がかかりすぎて、損害が大きくなるばかりだ。

答　著作権法第百十二条一項（差止請求権）に基づく仮処分命令の申立て（民事保全法第一条・第二十三条二項）をする必要があります。申立ては、所定の印紙を貼った申立書、疎明（侵害が行われているという簡単な証明）資料を提出して行います。ほかに、保証（担保）金（注八）を供託所に供託しなければなりません。

問　訴訟はどこの裁判所で起こせばいいのか？

答　原則として、訴えられる相手（被告）の住所（住所が不明なときは居所）、法人や団体の場合は事務所か営業所の所在地を管轄する裁判所です。（注九）

問　訴訟費用はどのくらいか？

答　もし、あなたが百万円の請求訴訟を起こしたいのであれば一万円を申立て手数料（民事訴訟費用等に関する法律別表一の一参照）として納め、その他相手に通知したりする場合の郵便切手代や証人を呼ぶときには、証人の旅費、宿泊費等をも負担しなければなりません。また、これらの費用のほかに弁護士を依頼すればその費用も必要になります。（注十）

（注八）　金額は、無いに等しいもの等、ケースにより異なります。

（注九）　訴額（訴訟の目的の価額）によって裁判所が異なります。つまり、訴訟が百四十万円を超えない請求（行政事件訴訟の場合は除く）については簡易裁判所を第一審の裁判所とします。百四十万円を超える場合には、地方裁判所に訴えを提起することになります（裁判所法第二十四条一号、第三十三条一項一号）。

（注十）　弁護士報酬等は弁護士により多少変動があります。いずれにせよ、訴訟による解決は「伝家の宝刀」、なるべくお互いの話し合いで解決させるようにしましょう。

◆刑事的な解決方法

以上述べた事柄は民事的な解決方法ですが、この他にも刑事上の制裁を課すこともできます。

著作権、著作者人格権、出版権、著作隣接権を侵害した者には、懲役または罰金刑が科されます（著作権法第百十九条）。この場合は、親告罪といって、侵害された者（著作権者等、告訴権者）が告訴しなければ侵害者に刑事責任を課すことができません。もちろん、弁護士でなくても、告訴権者個人で告訴することができます。ただし、著作権法第百二十三条二項に該当するときは非親告罪となります。

告訴は検察官または司法警察員（警察署長宛）に文書または口頭でする必要があり（刑事訴訟法第二百四十一条）、その期間は、犯人を知った日から六か月以内です（刑事訴訟法第二百三十五条一項）。

告訴は、ただ単に犯罪の事実だけを述べるだけではなく、罰して欲しいという意思を明らかにしていなければなりません。

まねられた写真事件（注十一）

東京高等裁判所の判決理由はつぎのとおりです。

X（原告、控訴人）写真とY（被告、被控訴人）写真とは被写体の決定（素材の選択、組合せおよび配置）において著しく似ており、冬瓜《とうがん》を西瓜《すいか》に見せかけて加えざるを得なかった何らかの必要があったことを強くうかがわせるものであるから、Yは、X写真に依拠してY写真を撮影したと認められ、かつ、Yは、X写真に依拠しない限り、到底、Y写真を撮影することができなかったものと認められるとして、著作権および同一性保持権侵害を認めた事例（なお、東京地方裁判所（平成一一年（ワ）八九九六号。平成一一年一二月一五日判決（棄却））は「X写真の表現形式上の本質的特徴部分を直接感得できる程度に類似していないので著作権（翻案権）侵害にはならない」としています。下の写真参照）。

◆海賊版対策と非親告罪

なお、海賊版対策などを考慮して著作権法第百二十三条二項、三項を改正し、非親告罪といって権利者が告訴しなくても検察菅は刑事事件について裁判を求める申立て（公訴）ができることになりました。

本件　原告の作品（左）と被告の写真（右）

◆参照条文（侵害とみなす行為）

著作権法第百二十三条　二項　前項の規定は、次に掲げる行為の対価として財産上の利益を受ける目的又は有償著作物等の提供若しくは提示により著作権者等の得ることが見込まれる利益を害する目的で、次の各号のいずれかに掲げる行為を行うことにより犯した第百十九条第一項の罪については、適用しない。

一号　有償著作物等について、原作のまま複製された複製物を公衆に譲渡し、又は原作のまま公衆送信（自動公衆送信の場合にあつては、送信可能化を含む。次号において同じ。）を行うこと（当該有償著作物等の種類及び用途、当該譲渡の部数、当該譲渡又は公衆送信の態様その他の事情に照らして、当該有償著作物等の提供又は提示により著作権者等の得ることが見込まれる利益が不当に害されることとなる場合に限る）。

二号　有償著作物等について、原作のまま複製された複製物を公衆に譲渡し、又は原作のまま公衆送信を行うために、当該有償著作物等を複製すること（当該有償著作物等の種類及び用途、当該複製の部数及び態様その他の事情に照らして、当該有償著作物等の提供又は提示により著作権者等の得ることが見込まれる利益が不当に害されることとなる場合に限る）。

三項　前項に規定する有償著作物等とは、著作物又は実演等（著作権、出版権又は著作隣接権の目的となつているものに限る。）であつて、有償で公衆に提供され、又は提示されているもの（その提供又は提示が著作権、出版権又は著作隣接権を侵害するもの（国外で行われた提供又は提示にあつては、国内で行われたとしたならばこれらの権利の侵害となるべきもの）を除く。）をいう。

（注十一）　佐藤薫「真似られたスイカ？」複製権侵害について（ＪＣＡ通信（公益社団法人日本漫画家協会）二一四号）。

第4節　インターネットと著作権法

①インターネットでの著作権はどのように保護されているのか

デジタル化、ネットワーク化の進展に伴う著作権法の新しい規定

一、インターネットを利用した送信
——自動公衆送信（インタラクティブ送信）とは何か

公衆への送信には、無線によるテレビ放送やラジオ放送、あるいはケーブルテレビジョン放送といった有線放送のほかに、インターネット等を利用した送信方法があり、これを自動公衆送信（インタラクティブ送信）といいます。インターネットを例にとるならば、ディズニーランドのホームページを閲覧したいと思った場合、その者（ユーザー）はディズニーランドのホームページの住所であるＵＲＬを端末に入力することで、ＷＷＷサーバーにアクセスし、その情報を得るわけですが、これはラジオなどの放送と違ってユーザーの請求があってはじめて情報が送信されるといった形をとっています（著作権法第二条一項九の四）。これを自動公衆送信というわけです。

しかもそれは、有線、無線のいずれであるかを問いません。なぜなら、携帯電話

やスマートフォンをとおしてユーザーはサーバーに接続することもありますし、電話回線を用いずに通信衛星を利用して接続することも考えられるからです。

二、著作者のインターネットに関する権利

著作者は、その著作物である作品について、放送、有線放送を行う権利のほかに、自動公衆送信（注一）を行う権利を有します（著作権法第二十三条）。しかもその場合には、送信可能化権も含まれます。

送信可能化権というのは、自動公衆送信することができる状態にする権利をいいます。具体的には、サーバーのディスクにホームページ等の情報を記録させ（アップロード）、ユーザーのリクエストに応じてその情報を送信することができるようにする権利をいいます（著作権法第二条一項九の五）。

三、実演家およびレコード製作者のインターネットに関する権利

実演家およびレコード製作者はそれぞれ送信可能化権を有します（著作権法第九十二条の二　一項。なお、同条二項、第九十六条の二参照）。

実演家やレコード製作者には自動公衆送信権はありませんが、前者は実演を、後者はレコードを、それぞれ送信可能化する権利を有することになったため、もし、インターネットを用いてある歌手の歌を流そう（配信）とするならば、その者は、作

（注一）　放送、有線放送、自動公衆送信のことを総称して公衆送信といいます。

曲家などの著作権者の許諾だけではなく、その歌を歌っている歌手とそのCDを製作したレコード製作者に対しても許諾を得なければならないことになります。

ただし、実演家は、左記の場合には送信可能化権を行使することができません（著作権法第九十二条の二　二項各号）。

（1）実演を録音し、録画する権利を有する実演家より許諾を得て録画されてる実演。

（2）映画の著作物に録音されまたは録画された実演であって、映像とともに音を再生することを目的とするもの等に録音または録画されているものである場合。

四、著作物の利用許諾と送信可能化

著作物の送信可能化について著作権者からその著作物の利用につき許諾を得た者は、その契約にある利用方法および条件に従い反復してまたは他のサーバー（自動公衆送信装置、ホストコンピュータ）を用いてする送信可能化（自動公衆送信し得るようにすること）については、送信可能化の回数や送信可能化に用いるサーバーに関して違反していたとしても、権利侵害にはなりません（著作権法第六十三条五項）。しかしこのことは、不法行為責任や刑事責任を問われないということであって、契約違反として債務不履行による責任を問われることまで否定してはいませんので注意を要します（民法第四百十五条）。

五、実演またはレコードの利用許諾と送信可能化

利用許諾と送信可能化について、実演家またはレコード製作者から（実演またはレコードの）利用の許諾を得た場合については、前項の四（著作物の利用許諾と送信可能化）と同様のことがいえます（著作権法第百三条）。

六、インターネットと著作権法

著作権法は今までに述べたことのほかには、直接インターネットを想定した規定はありません。ですから、絵を描いたり、論文を書いたりするときと同様のことがいえるわけです。（注二）

つまり、ホームページなどを作成する場合、ＨＴＭＬ（Hyper Text Markup Language）により、文字や画像、音といったものを連結、配置させるわけですが、そこで利用する他人の文章や画像といったものに著作権がある場合には、もちろんその著作権者から許諾を得なければならないということです。

なお、他人の肖像を用いる場合には、その他人の許諾を得なければ肖像権の侵害になります。また、その肖像写真が他人の手によるものであるならば、その写真の著作権者の許諾も必要になります。

（注二）　クリエイティブ・コモンズ・ライセンスといって、一定の条件のもとにインターネット等で、自由に作品を使える場合があります。

七、インターネットとデジタル化権（注三）

インターネットだけでなくＤＶＤなどに利用する場合にもいえることですが、著作権者には用途をはっきり伝えたうえで許諾を得ておく必要があります。複製権ないし改作利用権の許諾というだけではデジタル化すること（デジタル化権という者もいます）まで許諾したことになるのかどうか、あとでもめることが予想されるからです。このことは著作権者も心に留めておくべきです。

八、プロバイダの責任回避

不特定の者によって受信されることを目的とするインターネットでのウェブページや電子掲示板などにおいて著作権侵害や、名誉毀損に関する記述等があった場合に、被害者の要求に応じて、プロバイダやホストコンピュータ（サーバー）の管理・運営者等がその記述等を削除しても責任を問われない場合について規定する法律があります。これを「特定電気通信役務提供者の損害賠償責任の制限及び発信者情報の開示に関する法律（通称、プロバイダ責任制限法）」と称します。

（注三）　デジタル化権という用語は、法律用語にはありません。インターネットだけでなくＤＶＤなどに利用する場合にもいえることですが、著作権者には用途をはっきり伝えたうえで許諾を得ておく必要があります。

第5章 知的創造物関連法

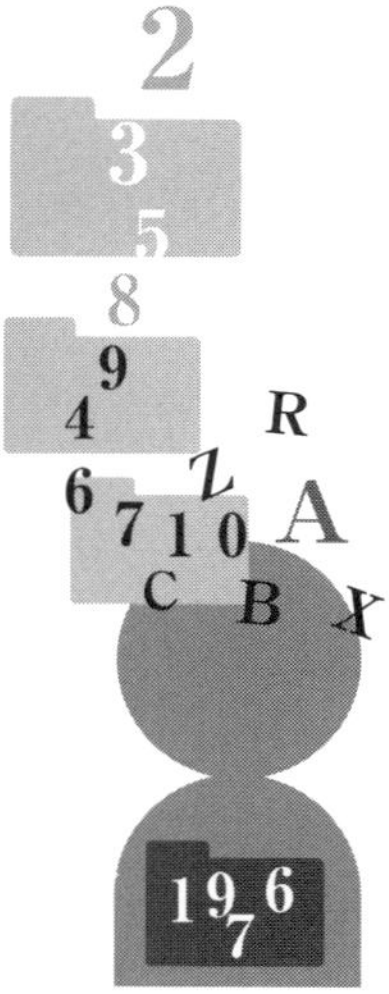

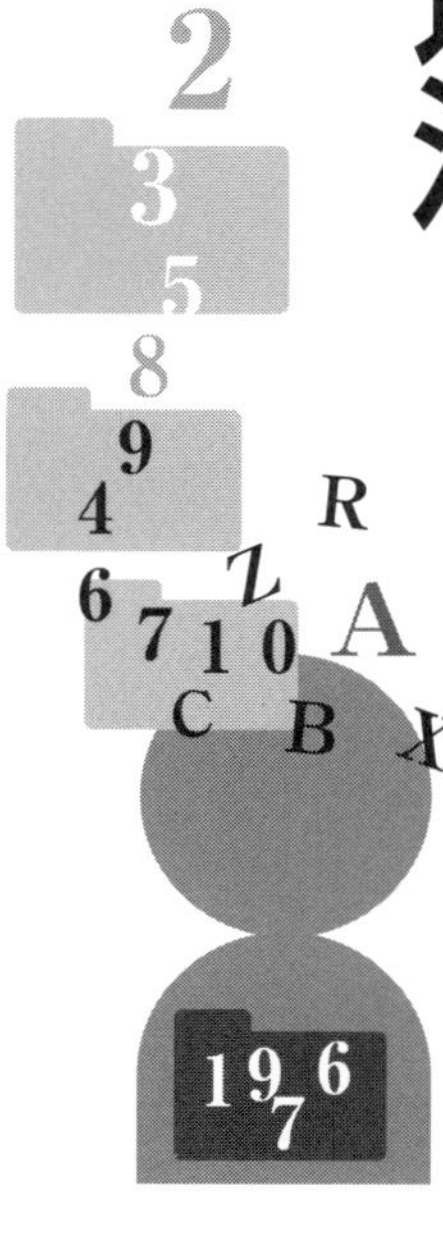

この章では著作権法以外の知的財産法について解説しています。そして表現の自由などの憲法の人権についても少しだけ触れています。

漫画家や文筆家であっても、その作品が玩具などの商品化につながる場合には意匠法や不正競争防止法の知識が、場合によっては特許法といった法律の知識も必要になるからです。

表現の自由は、同じ憲法から導き出される（憲法第十三条）、プライヴァシィの権利や肖像権と抵触する場合があることを簡単に説明しています。

第1節　知的財産法

① 著作権法以外の知的財産に関する法律

◆知的財産法（工業所有権法）の概略

著作権法は文化の発展に寄与することが目的（著作権法第一条）であるのに対して、特許法をはじめとする工業所有権法は産業の発達に寄与することを目的としています（特許法第一条等）。思うに前者は精神的な豊かさに関することであり、後者は物質的な豊かさに関することであるといえます。(注一) しかしこのことは著作権者の経済的な利益を軽視するように理解してはなりません。

一、知的財産法

知的財産法（Intellectual Property Act. 無体財産権法ともいう）は工業所有権法（Industrial Property Act の訳。誤訳または不適格な訳であるとの指摘などがなされたため最近では「産業財産権法」と称することもある）に著作権法が加わった場合の講学上の用語です。最近ではさらに種苗法（育成者権）、半導体集積回路の回路配置に関する法律（回路配置利用権）をも加えた概念として説明されることがあります。ただし、憲法にかかわる肖像権やプライヴァシィ権まで含めるのは妥当ではありません。

（注一）　知的財産法学者の中には区別する必要はないと説明する者もいますが、やはり言葉を違えているので、これを無視することは法解釈上できないと考えます。

工業所有権法は、特許法、実用新案法、意匠法そして商標法の四法を指しますが、これに不正競争防止法が加わると広義の工業所有権法と称します。

特許権や実用新案権、意匠権、商標権を取得するためには特許庁へ登録のための出願をしなければなりません。登録要件（新規性、進歩性（意匠は創作非容易性）、商標の場合は自他商品・役務識別力を有するなど）を具備していると判断されたならば審査官はそれぞれの原簿に設定の登録をします。登録されることによって権利が発生するわけです。この点が何ら手続きを要せずして権利が発生する著作権とは異なります。なお特許庁に特許権などの権利を付与する権限はありません（例：特許法第六十六条一項）。

二、特許法

特許法は発明（自然法則を利用した技術的思想の創作のうち高度のものをいう。特許法第二条一項）を保護客体（対象）とします。保護期間は出願の日から二十年を超えることができません。産業上利用できる発明であって新規性や進歩性を有しており公序良俗に反しないものであって、先出願など形式的な要件をも具備していれば登録がなされます。自然法則を利用していない暗号などは取引価値があったとしても発明とはならず、単なる発見や自然法則を表すに過ぎない数式といったものもそれ自体は発明になりません。

なお、新種の種苗に関しては種苗法による保護があり、そこで得た権利を育成者権といいます。もちろん発明としての要件および登録要件を有していれば特許権を取得することも可能です。

三、実用新案法

実用新案法の保護客体は考案（自然法則を利用した技術的思想の創作をいう。実用新案法第二条一項）と呼ばれます。発明と考案の大きな違いはありません。ただし、ドイツとは異なり、「物品の形状、構造又は組合せに係る考案（同法一条）」でなければなりません。つまり物の考案しか認められていないのです。

無審査主義であるため方式審査（書類や様式審査）と基礎的要件審査（物品の形状、構造又は組合せにかかる考案に該当するかどうか。公序良俗に反しないか公衆衛生を害しないか）のみの審査となります。ですから権利行使するには実用新案技術評価書を提示して警告した後でなければ行使することができません。

四、意匠法

意匠法の保護客体は意匠【物品「物品の部分を含み、組物の意匠を除く。」の形状、模様若しくは色彩又はこれらの結合であって（総称して「形態」といいます）、視覚を通じて美感を起こさせるものをいう。意匠法第二条一項】です。ここでいう意匠は工業意匠であって、物品の形状、物品の形状に施された模様、物品の形状に付された色彩、

（注二）　たとえば秋田新幹線や東海道、北陸新幹線の車両は高速を出すために一定の形状を有するというのであれば、

またはこれらが結合した状態にあるものをいいます。考案と紛らわしいので、肉眼で見てなんらかの美感を生じさせるもの（審美性）という要件が付されています。(注二)

五、商標法

商標法が保護客体とする商標はもともとは商品の標章だけを意味していましたが、現在はサービス（法律上は「役務（えきむ）」）の標章をも意味します（商標法第二条一項一号、二号）。また、平面的なものだけでなく立体的な商標も認められ、音や色彩の商標も認められています。

商標は自他商品役務識別力といって、他の商品または役務と区別できるものでなければなりません。当初は識別力がなくとも使用しているうちに識別力が生じたという場合には登録を受けることができます。

商標としての標章が他者の著作権に触れていたり、小説の題号と同じであったという場合には登録を受けられないこともあります。(注三)しかし後者の題号や登場人物の名称といったものの場合にはフリーライド（他社の名声を利用して利益を上げる行為）でない場合や混同などが生じなければ登録が認められても良いと考えます。「ターザン名称登録」事件で裁判所は公序良俗に反するとして登録を無効としました。これについては甚だ問題があるものといえます（ターザン審決取消事件：知的財産高等裁判所平成二三（行ケ）一〇三九九平成二三（行ケ）一〇四〇〇）。(注四)

（注二）その形状は特許法や実用新案法の保護が可能でしょうし、その形態が美しいと感じるのであれば意匠法上の保護も受けられることになります。特許庁のホームページなどでは意匠権の例として「美しく握りやすい曲面が施されたスマートフォンのデザイン」という説明がありますが、意匠の場合には「握りやすさ」は法文上必要ないとみるべきです。

（注三）　佐藤薫「ターザンとポパイ、キャラクター名が無断で商標登録されたらどうしますか」（ＪＣＡ通信（公益社団法人日本漫画家協会）二一六号）。

（注四）　佐藤薫「ターザン（Tarzan）」商標登録無効審判請求を不成立とした審決の取消訴訟に関する判例評論（判例時報No.2178）。

第1節　知的財産法

② 工業所有権法四法

工業所有権法四法それぞれについて、もう少し見ていくことにしましょう。

◆特許法

特許法の保護客体（対象）は発明です。発明者がその発明について特許庁に対して特許出願し、登録要件を具備していると判断され、設定登録されれば法律に基づき特許権という独占的な権利が発生します。なお発明は物の発明、物を製造する方法の発明、方法の発明とがあります。

一、発明となる要件

発明とは、①自然法則を利用した②技術的思想の③創作であって④高度のものをいいます（特許法第二条一項）。

（1）「自然法則」を利用していなければなりませんが、なんという法則かということを示す必要はありません。仮に未だ発見されていない自然法則であったとしてもそれが利用されていればよいことになります。たとえばタイムマシンを発明した者がいて、過去に戻れるという理論がまだ確立されていないわけですが、実際に過去に戻って来たことが証明されれば自然法則が利用されているとみられます。実務上は特許庁は登録しないという拒絶査定をするでしょうが、この場合には審判請求し、それでも駄目な場合には知的財産高等裁判所へ訴え出るという形になります（憲法第七十六条二項後段）。

なお、自然法則それ自体や単なる発見は発明とはいえません。また、ゲームやビジネスを行う方法であってもハードとしてのコンピュータのいわば部品等としてソフトウェアが利用されている場合には発明とみなされる場合があります。

（2）「発明」は、著作物が「表現」であったのとは異なり、「思想」そのものなのです。かといって政治思想のようなものまで含まれないように技術に関する思想というように限定されています。また、技術ですから、その人にしかできないような技能とは異なり、同じ手順を踏めば同一の結果が得られるものでなければなりません。

（3）ここでの「創作性」は独自に発明していればよいといった意味になります。これは著作物の創作性に似ています。これを主観的創作性という場合があります。ただ注意していただきたいのは、たとえ発明としての要件がそろっていたとしてもそれだけでは特許権を取得することはできません。後述する客観的要件である特許登録されるための要件が必要になるからです。

（4）「高度性」は、立法過程において経済政策的な観点から設けられたもので、実用新案法の保護客体である考案と区別するための文言にすぎません。実際とは異なる場合が見られますが、大きな企業は発明研究費を多く支出し、そうでない企業は低く抑えるから当然発明も大発明と小発明（考案）とに分かつほうがよいであろうと考えたからです。

二、特許を受けるための要件（特許登録要件）

（1）特許を受ける権利

発明をした者には自動的に「特許を受ける権利」が発生します。この権利がないと特許出願してもその出願が拒絶されることになります（特許法第四十九条七号）。特許を受ける権利は財産権としての性質を有するので他人に譲渡できますし、特許庁に対して正当に出願できる者という意味において公権としての性質をも有しています。職務発明の場合であって、この権利を使用者（企業、国など）に取得させた場合には相当の金銭その他の経済上の利益を受ける権利を従業者（従業員、国家公務員など）は有します（特許法第三十五条四項）。なお、大学において大学教員がした発明について職務発明の規定をそのまま適用することについては学問の自由保障（憲法第二十三条）の観点から新たに検討を加える必要があるものと考えます。

特許を受ける権利を有する者が特許出願した場合には先願（特許法第三十九条）であるのかどうかといった形式的な事柄が確認されます。

（2）産業上利用可能性（特許法第二十九条一項　柱書）

特許庁によれば、医療機器や医薬品といった物の発明は産業上利用可能性はあるが、「人間を手術、治療または診断する方法」(注一)の発明はこれに該当しないと説明しています。さらに、たとえば、かっこよく歩く方法といった「業として利用できない発明」や、過去にあったベーリング海峡に巨大なダムを造って温暖化する発明などの「実際上、明らかに実施できない発明」も産業上利用可能性はないと説明されています。しかしこれは行政解釈といわれるもので、すべてにおいて絶対的であるとはいえません。思うに手術法に関しては、将来人工神経を移植する手術法が生み出され特異なものであるとして産業上利用可能性等があるとして保護する必要性が生じるものと考えます。ただ手術法ということで特許権行使が制限されるように法改正する必要性も生じるでしょう。

（3）新規性（特許法第二十九条一項各号）

新規性とは客観的な新しさであり、だれも知らなかったことをいいます。公知（特許出願前に日本国内または外国において公然知られた発明（一号）でないこと、

（注一）　特許・実用新案審査基準（特許庁）七頁。

または公用（特許出願前に日本国内または外国において公然実施をされた発明（二号）でないことです。さらには、現に知られたかどうかということではなく、知られうる状態でなかったことも必要になります。すなわち、特許出願前に日本国内または外国において頒布された書籍、雑誌などに記載された発明でないこと、またはインターネットでホストコンピュータ（サーバー）にアップロードされた発明でないこと（三号）が必要です。

（4）進歩性（特許法第二十九条二項）

特許出願前に当業者（その発明が属する技術分野において通常の知識を有する者）が既知の発明（先行技術）に基づいて容易に発明をすることができたときは、新規性があったとしても、特許を受けることができません。

当業者は平均的な技術者をいい、学者は含まれません。進歩性といっても種明かしされるまで気付かなかったという場合は進歩性があるとみてよいでしょう。

（5）特許を受けることができない発明（特許法第三十二条）

新規性や進歩性を有していても、公の秩序、善良の風俗または公衆の衛生を害するおそれがある発明は特許を受けることができません。

◆実用新案法

実用新案法の保護客体は考案です。ここで考案とは、物品の外形（形状）、物品の機械的な構造または は、ナットとボルトのような個々の物品の組合せに係る考案（同法一条）をいいます。前述のように考案の定義は発明のそれとほぼ同じですが、「高度なもの」という文言がありません。高度かどうかにかかわらず実用新案法により保護が受けられます。ただし、方法の考案は認められていないので、その場合には特許法を視野に入れる必要があります。

また、ここで「物品」とは、建築物の構造なども保護対象となるため、動産のみならず不動産も含まれます（民法第八十五条、第八十六条）。意匠法上の物品が不動産を含まないのとは異なるわけです。

なお、実用新案登録出願に関しては無審査登録制が採用されているため新規性や進歩性といった実体要件に関する審査は行われません。方式要件および基礎的要件の審査はなされますから先願であること、物の形状等に係る考案であること、出願書類の記載要件に不備がないこと、明細書や図面に必要事項が明確に記載されていること、公序良俗に反していないことなどが必要になります。設定登録がなされれば実用新案権という独占権が発生します（実用新案法第十四条一項）。

実体審査が行われないため侵害者に対しては実用新案技術評価書を提示して警告したのちでなければ権利行使することはできません。実用新案技術評価書はだれでも（何人も）特許庁長官に対して請求することができます。

◆意匠法

意匠法の保護客体は工業意匠です。ですから純粋美術とみられるような意匠は意匠法上の保護は受けられません。物品を指定して意匠登録出願し設定登録されれば意匠権という権利が発生します。意匠権者は、業として登録意匠およびこれに類似する意匠を独占的に実施する権利を有します（意匠法第二十三条）。

意匠の定義は前述のとおり物品の形態であって視覚を通じて美感を起こさせるものです。

ここでの「物品」は、考案の場合とは異なり、動産でなければなりません。

さらに物品の部分も保護対象となるので、カメラのレンズ部分であるとか万年筆のクリップ部分といったものも意匠登録の対象となります。ただし、一組のディナーセットや一組のテーブルセットといったような組物の意匠（意匠法第八条、意匠法施行規則第八条別表第二）は除かれます。また、スマートフォンの操作画面やDVD録画機のテレビ画面に表示された操作画像など操作するためのスイッチ等の役割を果たす画像も意匠保護されます（意匠法第二条二項）。

ところで意匠法は意匠という肉眼で見た美的な形状が保護されるので、表現を保護する著作権法との関係が問題となる場合があります。著作権法との重畳保護については、赤とんぼを題材にした博多人形についてこれを認めた判例があるほかに（昭和四七（ヨ）五三　昭和四八年二月七日 長崎地方裁判所）、妖怪フィギュア事件があります。これは、鳥山石燕の「画図百鬼夜行」を原画とするか否かにかかわらず海洋堂が制作した妖怪フィギュアは、その制作過程においては、制作者の想像力ないし感性が介在し、制作者の思想、感情が反映されるということができるとして、意匠法と著作権法による保護の可能性を示唆しています（平成一六（ネ）三八九三　平成一七年七月二八日 大阪高等裁判所）。権利の性質が異なるわけですから問題はないと見るべきでしょうけれども、著作物の項で紹介した「幼児用椅子」事件（知的財産高等裁判所　平成二六（ネ）一〇〇六三　平成二七年四月一四日判決）に関しては、定義規定（立法解釈）を本来の意図とは異なるように解釈したことに問題があるといえます。わかりやすく述べるならば、児童福祉法四条一項一号の乳児とは満一歳に満たない者をいうとの定義を、ある母親がうちの子は一歳半だけどまだ赤ちゃんだから乳児です、と解釈するのと変わらないものといえるのではないでしょうか。

◆商標法

「商標」とは、人の知覚によって認識することができるものであり、文字、図形、記号、立体的形状もしくは色彩、またはこれらの結合、音その他商標法施行令で定めるもの（標章）であって、商品に使用するもの、あるいはサービス（役務）に使用するものをいいます。商標権も特許庁に対して使用する商品または役務を指定して商標登録出願し設定登録されれば商標権という権利が発生します。

商標権者は、指定商品または指定役務について登録商標と同一の商標を使用する独占的な権利を有します（商標法第二十五条）。また、他人による類似商標の使用についてはそれを排除することができます（禁止権。商標法第三十七条）。

商標には文字商標、図形商標、文字と図形の結合商標、記号商標、立体商標といったものがあるため、とくに図形商標や立体商標と著作権とが抵触する場合が考えられます。すなわち商標権者等は、その商標登録出願の日前に生じた他人の著作権または著作隣接権と抵触するときは登録商標の使用をすることができなくなる場合があります。その商標登録出願の日前の出願に係る他人の特許権、実用新案権もしくは意匠権と抵触する場合も同様です（商標法第二十九条）。

◆不正競争防止法

不正競争防止法は権利が生じることについて規定されている法律ではなく、不正競争行為を類型化して不正競争の防止や不正競争行為に対する賠償責任について規定した法律です。

著作権や工業所有権との関わりといったことを不正競争防止法の観点から検討しておく必要があります。周知な他人の商品等表示（人の業務に係る氏名、商号、商標、標章、商品の容器もしくは包装その他の商品または営業を表示するものをいいます）と同一または類似した商品等表示を使用して混同を生じさせたり、著名な他人の商品等表示と同一又は類似の商品等表示を使用した場合には不正競争行為となります（不正競争防止法第二条一項一号、二号）。

また、ファッションデザインや家具の木目調シートなど他人の商品の形態（タイヤの形状が円形といったようなものは除きます）を模倣した（デッド・コピー）商品を譲渡したりする行為（同法第二条一項三号）も該当します。

ほかには映画のＤＶＤのコピーガードを外す装置などを譲渡したりする行為（同法第二条一項十号）や契約者しか観ることができない番組の放送を観られるようにする記録媒体等を譲渡すること（同法第二条一項十一号）は著作権法と相まって一層侵害の防止に役立つようになっています。なお、営業秘密（同法第二条一項四号から九号）についても規定が置かれており、さらにはドメイン名に関すること（十二号）、原産地や品質等の誤認（十三号）、信用を害する行為（十四号）などの規定があります。

第2節　憲法

① 憲法（表現の自由とプライヴァシィ）

憲法によって、表現の自由が保障されている

憲法（日本国憲法）は、わが国が法の支配（Rule of Law）を採用していることから（憲法第八十一条等）、他の法律の母としての役割を担っています（同第九十八条）。その第三章には、基本的人権の規定があり、憲法第十三条後段では幸福追求権を保障しています。この権利を拡張解釈することで、健康権、環境権のほか、知的財産権に関わる権利としてのプライヴァシィ権【ひとりにしておいてもらう権利、自己の情報を管理（コントロール）する権利、自己決定権（わが国ではこれがインフォームドコンセントとしてとくに医療の現場で重視されています）】、肖像権（注一）、氏名権などの人格権が生まれます。

憲法第二十一条一項において表現の自由が保障されています（注二）。表現の自由は一定の表現に対して生じる財産権である著作権と抵触する場合があります。

著作権法にある著作権の制限規定だけでは解決できないような場合には、表現の自由と著作権であるとか、著作権を制限することによる不利益とその制限によっ

（注一）　財産権としての肖像権、氏名権のことをパブリシティ（publicity）の権利といいます。佐藤薫「物のパブリシティについての一考察」意匠法及び周辺法の現代的課題所収（発明協会）。

（注二）　佐藤薫「表現の自由について考えてみよう」（第三章。嵯峨野書院）論考憲法学。

て得られる表現保障に基づく利益等々を、想定されたてんびん皿に乗せてそれぞれ見ていこうとする、利益衡量論等による解決が図られます。(注三)実在の人物を対象とした小説を書きあげるときにはその人物のプライヴァシィ権と、表現の自由や出版の自由が抵触する可能性があります。

憲法第二十三条の学問の自由もまた知的財産権と無関係ではいられません。なお、研究論文であっても、他人の論文の一節を利用するには鉤括弧《かぎかっこ》で括って出典を明示しなければなりません。かといって数ページにわたってそのまま他人の文章を複製するのはたとえ出典を明らかにしていたとしても正当な引用とはいえません。また、職務発明との関連で大学教員がした発明と大学との関係が学問の自由を根拠に今後は変わっていかざるを得ないと考えます。

（注三）　著作権法と表現の自由との関係については、佐藤薫「著作物の改変利用と表現の自由」現代における憲法問題の諸相五〇九頁から五二八頁（国書刊行会）を参照。

索　引

◎著者紹介

佐藤　薫（さとう かおる）

＊大阪大学大学院医学系研究科数理保健学研究室招聘教授。
＊日本漫画家協会著作権委員、知的創造物法学会会長。
＊新しい学問分野としての「医療と法」の研究や、創作者のために「知的創造物法」という概念を生み出すなどする。
＊また、医療や防災の場において漫画やイラストを活用したり、漫画文化を保護すべく国会会議室で十数回にわたり「漫画の応用と保護に関する研究会」を主宰。
＊長年、漫画家やイラストレーター等に対する啓蒙活動などを行い実務にも詳しい。
＊ SATO KAORU Official Website〈http://www.kaorusato.com/〉

『著作権法入門早わかり　―クリエイターのための知的創造物法活用術』

２０１９年４月15日　第１版第１刷発行

著　者：佐藤　薫

発行所：出版メディアパル
〒 272-0812 市川市若宮 1-1-1
Tel&Fax：047-334-7094
e-mail：shimo@murapal.com　URL：http://www.murapal.com/

カバーデザイン：西口司郎・田中和枝　本文イラスト：荒瀬光治
編集：出版メディアパル　組版・校正協力：蝉工房
印刷・製本：平河工業社　Printed In Japan
ISBN　978-4-902251-35-7